百战奇略

[明] 刘基·著

王伶·编译

陕西新华出版 三秦出版社

图书在版编目（ＣＩＰ）数据

百战奇略 ／（明）刘基著；王伶编译． -- 2 版． --
西安：三秦出版社，2008.04（2024.1 重印）
（国学百部文库）
ISBN 978-7-80628-348-6

Ⅰ．①百⋯ Ⅱ．①刘⋯ ②王⋯ Ⅲ．①兵法－中国－
明代②百战奇略－译文 Ⅳ．① E892.48

中国版本图书馆 CIP 数据核字（2008）第 036254 号

书　　名　百战奇略
作　　者　［明］刘基 著　王伶 编译
责　　编　靳　疆
封面设计　新华智品

出版发行　三秦出版社
社　　址　西安市雁塔区曲江新区登高路 1388 号
电　　话　（029）81205236
邮政编码　710061
印　　刷　北京一鑫印务有限责任公司
开　　本　680×1020　1/16
印　　张　9
字　　数　120 千字
版　　次　2008 年 4 月第 2 版
印　　次　2024 年 1 月第 2 次印刷
标准书号　ISBN 978-7-80628-348-6

定　　价　39.80 元
网　　址　http://www.sqcbs.cn

前　言

　　《百战奇略》是一部以论述作战原则和作战方法为主旨的古代军事理论专著。作者刘基，字伯温，明初军事谋略家。刘基通经史，晓天文，精兵法，时人比为诸葛亮。

　　《百战奇略》作为一部以论述作战原则和作战方法为主旨的古代军事理论专著而问世，这无论是在宋以前或是宋以后，都是不多见的。因此，从其产生以来，就为兵家所重视和推崇，给予很高评价，并一再刊行，广为流传。明弘治十七年（1504）陕西布政使司左参政李赞，称该书是"极用兵之妙，在兵家视之，若无余策"；他认为：只要"握兵者平时能熟于心，若将有事而精神筹度之，及夫临敌，又能相机而应之以变通之术"，那就可以建"成凯奏之功"。明万历二十七年（1599），骠骑将军王鸣鹤认为：该书"殊足以启发后人，而战道略备矣"。清咸丰间满人麟桂认为：是书"启发神智，或不无所补"，等等。从明、清诸多论兵者的这些赞语中，可以明显看出，该书在我国兵学理论发展史上的重要影响和地位。

　　《百战奇略》作为一部专门以阐述作战原则和作战方法为主要特色的古代军事论著，无疑应在中国古代军事思想和军事学术发展的历史长河中占有重要位置。其价值主要有二：一是它的思想价值。《百战奇略》在继承以《孙子兵法》为代表的古典兵学思想的基础上，结合历代战争实践经验所综述和总结的内容丰富的军事原则，它从客观实际出发，辩证地分析研究战争的思想方法，不仅对宋以后军事思想的应用与发展产生过重要影响，而且对我们今天分析和研究现代战争规律及其指导原则，仍有重要参考价值。二是它的学术价值。《百战奇略》一书所采用的以单音词设条立目的编纂体例，以古代兵法为立论依据、以古代战例为论证事例的论史结合、正反对比的著述方式，从现存古代兵书情况看是最早的，因而，它在我国军事学术发展史上起着发凡启例的重要作用。

　　《百战奇略》不仅继承和发展了我国古代的军事思想，而且搜集和存录了大量古代战争战例资料。这是《百战奇略》一书的又一特点。它搜集了自春秋迄五代1645年（最早的战例是公元前700年春秋初期的楚绞之战，最晚的战例是公元945年五代末期的后晋与契丹的阳城之战）间散见于21种史籍的各种类型的战（事）例百例。《百战奇略》所搜集和存录的百个战（事）

例，一般都有战争发生的时间和资料来源，这为后人检索战争战例资料，研究中国古代军事史，提供了极大方便。

《百战奇略》在语言文字的运用上也很有特点，可以用八个字来概括，这就是：词简义赅，通俗易懂。像《百战奇略》那样运用几近白话体论兵著述的古代兵书，在宋以前是不多见的。因此，《百战奇略》一书的产生，不仅开创了古代兵学运用通俗语言文字著书立说的先例，而且为进一步传播和弘扬中国古代军事思想精华，发挥了积极作用。明、清之际，《百战奇略》之所以被兵家一再刊行，在社会上广为流传，其重要原因也在于它通俗易懂，好学好记。

编　者
2008 年 8 月

目　　录

一、计 战

【原文】

　　凡用兵之道，以计为首。未战之时，先料将之贤愚，敌之强弱，兵之众寡，地之险易，粮之虚实。计料已审，然后出兵，无有不胜。法曰：料敌制胜，计险阸远近，上将之道也。

【译文】

　　一般用兵的方法，应该以统筹战局作为首要条件。在没有打仗以前，首先要查明敌人将领才能的高低，军力的强弱，数量的众寡，地形的险易以及粮食储备的虚实等情况。对这些分析判断清楚之后才兴师出兵，就没有不打胜仗的。兵法说：判明敌情，制订取胜的计划，了解地形的险要狭隘和距离的远近，这是统帅指挥作战的重要法则。

【战例】

　　汉末，刘先主[1]在襄阳，三往求计于诸葛亮[2]。亮曰："自董卓[3]以来，豪杰并起，跨州连郡者不可胜数。曹操[4]比于袁绍[5]，则名微而众寡，然操遂能克绍，以弱为强者，非惟天时，抑亦人谋也。今操已拥百万之众，挟天子[6]以令诸侯，此诚不可与争锋。孙权[7]据有江东[8]，已历三世[9]，国险民附，贤能为之用，此可以为援而不可图也。荆州北据汉、沔[10]，利尽南海[11]，东连吴、会[12]，西通巴、蜀[13]，此用武之国，而其主不能守。此殆天所以资将军，将军岂有意乎？益州[14]险塞，沃野千里，天府之土，高祖因之以成帝业。刘璋暗弱，张鲁在北，民殷国富，不知存恤，智能之士思得明君。将军既帝室之胄[15]，信义著于四海，总览[16]英雄，思贤如渴，若跨有荆、益，保其岩阻，西和诸戎，南抚夷越，外结好孙权，内修政理；天下有变，则命一上将将荆州之军以向宛、洛，将军身率益州之众出于秦川，百姓孰敢不箪食壶浆[17]以迎将军者乎？诚如是，则霸业可成，汉室可兴矣。"先主曰："善！"后果如其计。

【注释】

〔1〕刘先主：即刘备，字玄德，三国时蜀汉建立者。谥昭烈皇帝，世称"先主"。

〔2〕诸葛亮：三国著名政治家、军事家。官至丞相，封武乡侯。

〔3〕董卓：字仲颖，东汉陇西临洮（今甘肃岷县）人。189年，率兵进入洛阳，废少帝，立献帝，自为太师，把持朝政，无恶不作。后被王允、吕布所杀。

〔4〕曹操：字孟德，小名阿瞒。三国著名政治家、军事家、诗人。建安元年（196），迎献帝到许都（位于今河南许昌东），"挟天子以令诸侯"。进位为丞相，封魏王。

〔5〕袁绍：字本初，河南汝阳（今河南商水西南）人。建安五年（200），在官渡（位于今河南中牟东北）之战中被曹操击败，不久病死。

〔6〕天子：古称统治天下的帝王为"天子"，这里指东汉献帝刘协。

〔7〕孙权：三国时期吴国的建立者。吴郡富春（今属浙江）人，字仲谋。

〔8〕江东：历史上习惯称自此以下的长江南岸地区为江东。

〔9〕三世：指孙坚（孙权父）、孙策（孙权兄）、孙权三世。

〔10〕汉、沔（miǎn）：汉水始出称漾水，南流为沔水，纳褒水后始称汉水。

〔11〕南海：郡名，指今两广地区。

〔12〕吴、会：即吴郡与会稽郡。其地辖今江苏、浙江地区。

〔13〕巴、蜀：即巴郡与蜀郡，即今苏南与浙北。

〔14〕益州：辖境约当今四川全境以及云南、甘肃、湖北、贵州部分地区。

〔15〕胄（zhòu）：古时称帝王或贵族的后裔为"胄"。

〔16〕览：通"揽"。谓采摘；收取。

〔17〕箪食壶浆：用筐装着饭食，用壶盛着酒浆。箪（dān），古代用以盛饭的竹筐或苇筐。食，饭也。壶，盛酒容器。浆，用米煮成的浆汤，这里指酒浆。

【译文】

东汉末年，刘备驻扎在襄阳时，曾经三次到隆中向诸葛亮请教复兴汉室的天下大计。诸葛亮说："自从董卓专权以来，各地豪杰纷纷起来称霸割据，跨州连郡的数不胜数。曹操同袁绍相比，就显得名望卑微且力量单薄，可是曹操竟然能够战胜袁绍，由弱变强，不仅是依靠好时机，而且也靠人的计谋啊！现在曹操已经拥有百万大军，并且挟制汉献帝，借着皇帝的名义号令诸侯，实在是不能同他争胜了。孙权占据江东一带，已经历了三代人的经营，那里地势险要，百姓归附，贤才能人肯替他出力效命，因此，可以把他作为外援，必要时互相救护，而不能打他的主意。荆州北面有汉水、沔水作为屏障；南方直到海边，东边和吴郡、会稽郡相连，西边可以通向巴郡和蜀郡，可以作为用兵的战略要地。但现在占据荆州的刘表

蜀汉昭烈帝·刘备

百战奇略

却守不住它，这大概就是上天拿它来赏赐给将军您的，将军您可有意于此吗？还有，益州地形险要，土地肥沃而辽阔，物资丰富，应有尽有，可谓天府之国，汉高祖刘邦就是依靠这块地方成就了帝业。可现在的益州牧刘璋昏庸懦弱，张鲁在北方和他作对，虽然人口众多，民殷国富，却不知道爱惜体恤民力，有识之士都想得到一位贤明的君主。将军您既是汉皇室的后代，信义闻名于天下，应该广泛收揽英雄豪杰，如饥似渴地访求贤人，如果一旦占据荆州、益州，在险要的地方布军设防，西方和各个少数民族和

诸葛亮

好，南方安抚夷越诸族，对外和孙权结成联盟，对内改革政务，一旦天下形势有所变化，就命令一员上将率领荆州的军队通过南阳指向洛阳，将军您亲自带领益州的大军向秦川进军，百姓们谁敢不预备酒饭来欢迎将军您呢？如果真正做到这样，那么统一全国的事业可以成功，汉朝的江山就可复兴了。"刘备听了，说："好！"后来形势的发展，果然像诸葛亮预料的一样。

二、谋　战

【原文】

凡敌始有谋，我从而攻之，使彼计穷而屈服。法曰：上兵伐谋。

【译文】

大凡当敌人开始图谋对我战争的时候，我应及时运用谋略戳穿它，使其战争阴谋无法得逞而不得不屈服。诚如古代兵法所说：用兵的上策是挫败敌人的战争图谋。

【战例】

春秋时，晋平公欲伐齐[1]，使范昭往观齐国之政。齐景公觞之[2]，酒酣，范昭请君之尊酌。公曰："寡人令尊进客。"范昭已饮，晏子撤尊[3]，更为酌。范昭佯醉，不悦而起舞，谓太师曰："我欲成周公之乐[4]，能为我奏，吾为舞之。"太师曰："瞑臣不习[5]。"范昭出。景公曰："晋，大国也，来观吾政。今子怒大国使者，将奈何？"晏子曰："观范昭非陋于礼者，今将惭吾国，臣故不从也。"太师曰："夫成周公之乐，天子之

乐也，惟人主舞之，今范昭人臣，而欲舞天子之乐，臣故不为也。"范昭归报晋平公曰："齐未可伐，臣欲辱其君，晏子知之；臣欲犯其礼，太师识之。"仲尼曰："不越尊俎之间，而折冲于千里之外，晏子之谓也。"

【注释】

〔1〕晋平公：春秋时晋国君主，晋悼公之子，名彪，在位二十六年，卒谥平。

〔2〕齐景公（？—前490）：春秋时齐国国君，名杵臼。

〔3〕晏子（？—前500）：春秋齐国正卿。字平仲，夷维（今山东高密）人。

〔4〕周公之乐：指周公辅佐成王摄理政事，归政成王后，致力于创制礼乐。

〔5〕瞑臣：盲臣、失明之臣，古时大臣谦称。

【译文】

春秋时期，晋平公打算进攻齐国，就派遣大夫范昭出使齐国观察齐国的内政情况。齐景公设宴招待范昭，当酒宴进入高潮时，范昭请求用景公的御杯饮酒。景公爽快地说："我同意用我的酒杯让客人饮酒。"范昭喝完自己杯中的酒准备用景公的杯子时，齐国的正卿晏婴却撤走了景公的杯子，又用范昭的杯子给他斟满了酒。范昭假装喝醉了酒，不高兴地站起身来跳舞，并对齐国的太师（即乐官）说："我想听一遍周公作的乐曲。如果你能为我演奏，我愿伴随着乐曲跳舞。"太师说："老臣愚钝无知，没学这些。"

晏婴

范昭碰壁后就离开了齐国。景公埋怨说："晋国是大国，来观察我国的形势和内政，你们惹怒了这个大国的使者，这可怎么办呢？"晏婴说："我看范昭并不是不懂礼法的人，今天他故意想使我国难堪，所以我不能听从您的命令让他用您的酒杯饮酒。"太师说："周公作的乐曲是专门为天子演奏的乐曲，只有君主才能随着乐曲起舞。而范昭只不过是个臣子，却想随着天子的乐曲起舞，所以我不能为他演奏。"范昭回国后向晋平公汇报说："齐国是不可攻打的啊。我想侮辱他们的君主，晏婴知道了我的用心；我想扰乱他们的礼法，太师识破了我的意图。"孔子曾说："在宴会上却能阻止千里之外的战斗，这句话就是指晏子说的。"

三、间 战

【原文】

凡欲征伐，先用间谍觇敌之众寡[1]、虚实、动静，然后兴师，则大功可立，战无不胜。法曰：无所不用间也。

【注释】

〔1〕觇：窥看，引申为侦察。

【译文】

凡是要进攻讨伐敌人，首先要使用间谍来察明敌人的多少、虚实和动静，然后才能兴师出兵。这样，就可大功告成，战无不胜。兵法说：没有不用间谍的战争。

【战例】

周将韦叔裕[1]，字孝宽，以德行守镇玉壁。孝宽善于抚御，能得人心。所遣间谍入齐者，皆为尽力。亦有齐人得孝宽金略者，遥通书疏。故齐动静，朝廷皆知之。齐相斛律光[2]，字明月，贤而有勇，孝宽深忌之。参军曲严，颇知卜筮。谓孝宽曰："来年东朝必大相杀戮。"孝宽因令严作谣歌曰："百升飞上天，明月照长安。"百升，斛也。又言："高山不推自溃，槲木不扶自立。"令谍者多赍此文，遗之于邺。齐祖孝征与光有隙，既闻，更润色之。明月卒以此诛。周武帝[3]闻光死，赦其境内，后大举兵伐之，遂灭齐。

【注释】

〔1〕韦叔裕：字孝宽。北周武帝时任统军、大都督，封滑国公。

〔2〕斛律光：北齐大臣。字明月，朔州（今山西朔县）人。

〔3〕周武帝：北周皇帝。即宇文邕，宇文泰第四子。

【译文】

南北朝时，北周将领韦叔裕，字孝宽，以品德和操行高尚而镇守玉壁（今山西稷山西南）。孝宽很善于用安抚的办法守边，深得人心。他派遣到北齐的间谍都很尽力；也有北齐人得了韦孝宽的贿赂，在远方用书信给他通风报信。所以北齐的一举一动，北周朝廷都知道。北齐宰相斛律光，字明月，是一位既

百战奇略

周武帝宇文邕

有才干又很勇武的人，韦孝宽深深地忌怕他。孝宽的参军曲严，很懂卜占之类的事情，对他说："明年齐国必定互相杀戮。"孝宽因此让曲严作了一首歌谣说："百升飞上天，明月照长安。"百升就是斛。又作歌谣说："高山不推自溃，槲木不扶自立。"并让许多间谍携带这些传单到齐都城邺（在今河北临漳西南）广为散发。北齐左仆射祖孝征与斛律光平日矛盾很深，听到这些歌谣后，更加夸张和编造，斛律光终于因此被杀。北周武帝听到斛律光死的消息，向全国颁布了大赦令，立刻大举兴兵讨伐，终于灭掉了北齐。

四、选　战

【原文】

　　凡与敌战，须要选拣勇将锐卒，使为先锋，一则壮其志，一则挫敌威。法曰：兵无选锋曰北。

【译文】

　　凡是与敌人作战，必须选拔勇将精兵，组成先锋部队。这样，一方面能够鼓舞部队的士气，一方面可以挫杀敌人的威风。诚如古代兵法所说：用兵作战没有尖刀部队担任先锋，就必然遭到失败。

【战例】

　　建安十二年，袁尚、熙[1] 奔上谷郡[2]，乌桓[3] 数入塞为害。曹操征之。夏五月，至无终[4]；秋七月，大水，傍海道路不通。田畴请为向导，操从之，率兵出卢龙塞[5]，水潦，塞外道绝不通，乃堑山堙谷[6] 五百余里，经白檀[7]，历平冈[8]，涉鲜卑庭[9]，东陷柳城[10]。未至二百里，敌方知之。尚、熙与蹋顿[11]、辽西单于[12] 楼班、右北平单于能臣抵之等将数万骑逆军。八月，登白狼山[13]，卒与敌遇，众甚盛。操辎重在后，被甲者少，左右皆惧。操登高而望，望敌阵不整，乃纵兵击之，使张辽为先锋，敌众大溃，斩蹋顿及名王以下，胡、汉降者二十余万口。

【注释】

〔1〕袁尚、熙：即袁绍之子袁尚、袁熙。

〔2〕上谷郡：古郡名，战国燕置。

〔3〕乌桓：古族名，属东胡族一支。

〔4〕无终：古县名，秦置。治所在今天津市蓟县。

〔5〕卢龙塞：古关塞名。故址在今河北喜峰口一带。

〔6〕堑山堙谷：开辟山路，填平沟壑。堑(qiàn)，挖掘；堙(yīn)，填充；堵塞。

〔7〕白檀：古县名，故址在今河北承德西。

〔8〕平冈：汉时为右北平郡治所，故址在今辽宁凌源西南。

〔9〕鲜卑庭：鲜卑，古族名，属东胡族一支。庭：住所。

〔10〕柳城：古县名。故址在今辽宁锦州。

〔11〕蹋顿：东汉末辽西郡乌桓族首领。曾助袁绍破公孙瓒，被绍封为乌桓单于。

〔12〕单于(chányú)：即匈奴、鲜卑、乌桓等胡族最高首领的称号。

〔13〕白狼山：亦名白鹿山或布祜图山，位于今辽宁凌源东南。

【译文】

东汉建安十二年(207)，袁尚、袁熙兵败逃往北方乌桓所在的上谷郡。这时，乌桓也屡次南侵作乱，于是曹操决定出兵讨伐。当年夏季五月，大军开进到达无终。秋季七月，又发了大水。虽然靠近海口，但是道路却不畅通。田畴请求当向导带路，曹操答应了。当大军通过卢龙塞时，碰上发大水，淹没了进军塞外的道路。于是开山填谷达五百余里，过了白檀，途经平冈，涉水过鲜卑庭，一直向东进抵柳城。进到只差不到二百里，敌人才发觉。于

曹操

是，袁尚、袁熙与蹋顿、辽西单于楼班、右北平单于能臣抵之等率领几万骑兵，前来堵击。八月间进到白狼山时，终于和敌遭遇，而且敌方兵力还十分强大。曹军辎重车在后边，随同的作战士兵不多，左右人员都很恐慌。曹操登上高处观察，发现敌方队形混乱，于是决定攻击。派张辽当先锋，结果敌军大败，曹军斩杀蹋顿及许多中、下级将领，敌军投降的有二十多万人。

五、步　战

【原文】

　　凡步兵与车骑战者，必依丘陵、险阻、林木而战则胜。若遇平易之道，须用拒马枪[1]为方阵，步兵在内。马军、步兵中分为驻队、战队。驻队守阵，战队出战；战队守阵，驻队出

战。敌攻我一面，则我两哨出兵，从旁以掩之；敌攻我两面，我分兵从后以捣之；敌攻我四面，我为圆阵，分兵四出以奋击之。敌若败走，以骑兵追之，步兵随其后，乃必胜之法。法曰：步兵与车骑战者，必依丘陵、险阻，如无险阻，令我士卒为拒马、蒺藜。

【注释】

〔1〕拒马枪：防御骑兵用的器械，又叫拒马。

【译文】

凡是步兵与战车、骑兵作战，一定要依托丘陵险阻或草木树林才能胜利。如果是平地，必须用拒马枪和长枪布列成方阵，掩护步兵在内，把我方的马、步兵分为驻队和战队。驻队守阵时，战队出战；战队守阵时，驻队出战。敌人从一面攻击我时，我两翼出战从旁掩杀；敌人从两面夹击我时，我就分兵从敌后攻击他；敌人从四面围攻我时，我就布列圆阵分兵四路奋勇还击。敌军如果败逃，我就用骑兵追击，步兵跟随在骑兵的后面随即展开猛攻。这是必胜的办法。兵法说：步兵与战车、骑兵作战，一定要依托丘陵险阻；如果没有险阻，就让我方官兵多制作拒马和蒺藜。

【战例】

《五代史》〔1〕：晋将周德威为卢龙节度使，恃勇不修边备，遂失榆关〔2〕之险。契丹每刍牧〔3〕于营、平〔4〕之间，陷新州，德威复取不克，奔归幽州。契丹围之二百日，城中危困。李嗣源〔5〕闻之，约李存勖步骑七万，会于易州救之。乃自易州北行，逾大房岭，循涧而东。嗣源与养子从珂将三千骑为先锋，进至山口，契丹以万骑遮其前，将士失色；嗣源以百骑先进，免胄扬鞭，语谓契丹曰："汝无故犯我疆场，晋王〔6〕命我将百万骑众，直抵西楼〔7〕，灭汝种族。"因跃马奋挝，三入其阵，斩契丹酋长一人。后军齐进，契丹兵却，晋兵始得出。李存勖命步兵伐木为鹿角阵〔8〕，人持一枝以成寨。契丹环寨而过，寨中万弩齐发射之，流矢蔽日，契丹人马死伤者塞道。将至幽州，契丹列阵以待之。存勖命步兵阵于后，戒勿先动，令赢兵曳柴燃草而进，烟尘蔽天，契丹莫测其兵多少；因鼓入战，存勖乃趋后阵，起而乘之，契丹遂大败，席卷其众自北山口遁去；俘斩其首级万计，遂解幽州之围。

【注释】

〔1〕《五代史》：记载后梁、后唐、后晋、后汉、后周五个中原朝代的历史书。

〔2〕榆关：亦称"渝关"，即今山海关。

〔3〕刍牧：割草放牧。

〔4〕营、平：即营州和平州，治所分别在今辽宁朝阳与河北卢龙。

〔5〕李嗣源：五代后唐皇帝。后唐同光四年入洛阳称帝，是为明宗。

〔6〕晋王：即后唐庄宗李存勖。

〔7〕西楼：契丹首都上京，今辽宁巴林左旗南波罗城。

〔8〕鹿角阵：用树枝做成的路障，是古时阵地营寨前的一种防御工事。

【译文】

《五代史》记载：晋将周德威做卢龙节度使时，自恃作战英勇，不重视修治边防守备，以致丢失了险要的山海关。契丹军队的活动经常到达营州（今河北昌黎）和平州（今河北卢龙）之间，攻占了新州。周德威想要再夺回但已来不及了，不得已把部队撤到幽州。契丹又包围了幽州二百多日，幽州城十分危急。李嗣源听到这个消息后，率领步兵和骑兵七万余人，同李存勖在易州（今河北易县）会合去救援。大军即从易州向北行进。过大房岭后，沿着山涧，向东行进。嗣源让养子李从珂率三千骑兵做先锋。前进至山口时，契丹以万余骑兵阻挡在前面，晋军官兵大惊失色。

后唐庄宗李存勖

李嗣源率百余名骑兵当先，脱掉甲胄扬鞭向前，用契丹语对他们说："你们无故侵犯我疆界，晋王命令我率百万骑兵直抵西楼，消灭你们种族。"并乘势跃马奋进，三次冲入敌阵，杀契丹首长一人。后面的军队一齐奋进，契丹军队退却，晋军这才得以通过山口。李存勖命令步兵砍伐树木排列成鹿角阵，每人拿一个树枝排成营寨的样子。契丹兵绕寨而过，寨中万箭齐发，流矢蔽住了太阳。契丹人马死伤多得堵住了道路。快到幽州时，契丹军队已列好阵等待晋军。李存勖令步兵列阵于后，告诫他们切切不要先动；而后令老弱兵士拖着柴烧起火前进，烟尘蔽住了天日。契丹不知道晋军有多少，就按照鼓声进入战斗。李存勖便奔向敌阵后乘机攻击。契丹军队大败亏输，狼狈逃窜，从北山口败走。晋军俘虏斩获首级共一万多，终于解了幽州之围。

六、骑　战

　　凡骑兵与步兵战者，若遇山林险阻、陂泽之地^[1]，疾行急去，是必败之地，勿得与战。欲战须得平易之地，进退无碍，战则必胜。法曰：易地则用骑。

【注释】

　　〔1〕陂：山坡。

【译文】

　　凡是骑兵与步兵作战的，如果遇到山林水泽之险要地形，必须赶快离开。因为这是必败之地，不可在此与敌人作战。如果要打，必须选择平坦地带，便于进攻和退守，作战必胜。兵法说：平地就派出骑兵冲杀。

【战例】

　　《五代史》：唐庄宗^[1]救赵，与梁军相拒于柏乡^[2]五里，营于野河北。晋兵少，梁将王景仁将兵虽多，而精锐者亦少。晋军望之色动^[3]，周德威勉其众曰："此汴^[4]宋佣易败耳^[5]。"退而告之。庄宗曰："吾提孤兵出千里，利在速战，今若不乘势而急击之，使敌人识我之众寡，则计无所施矣。"德威曰："不然，赵人皆守城而不能野战；吾之取胜，利在骑兵。盖平原旷野之中，骑兵之所长也^[6]；今吾军于河上，迫近营门，非吾之所长也。"庄宗不悦，退卧帐中，诸军无敢入见者。德威乃请监军张承业曰："王怒。老将不速战者，非怯也。且吾兵少而临贼营门，所恃者一水隔耳；使梁得舟筏渡河，吾无类矣^[7]。不如退军高邑^[8]，诱敌出营，扰而劳之，可以策胜也。"承业入言曰："德威老将知兵，愿无忽其言。"庄宗遽起^[9]曰："吾方思之耳。"已而，德威获梁游兵，问景仁何为，曰："治舟数百，将以为浮梁^[10]。"德威乃与俱见。庄宗笑曰："果如公所料。"乃退军高邑。德威乃遣骑三百，扣梁营挑战，自以劲兵继之。王景仁怒，悉以其军出。德威与之转斗十里，至于高南[11]，两军皆阵，梁军横亘六七里。庄宗策马[12]登高，望而喜曰："平原浅草，可前可却，真吾制胜之地也。"乃使人告德威曰："吾当与战。"德威又谏曰："梁军轻出而远来与吾转战，其来既速，必不暇赍粮糗[13]；纵其能赍，有不暇食。不及日午，人马饥渴，其军必退；退而击之，必获胜焉。"至未、申时，梁军中尘烟大起，德威鼓噪[14]而进，梁军大败。

【注释】

〔1〕唐庄宗：即李存勖（885—926），五代时后唐建立者。
〔2〕柏乡：地名，今属河北。
〔3〕色动：脸色大变，惊恐之状。
〔4〕汴：五代梁、晋、汉、周与后来北宋皆定都于汴京，即今河南开封。
〔5〕宋佣：河南商贩。宋，古国名，都商丘，即今河南商丘。佣，指商贩。
〔6〕所长：特长。此指古代军事思想以我之长，攻敌之短。
〔7〕无类：即无遗类，意为无一幸免。
〔8〕高邑：古县名，本名鄗邑，刘秀建立东汉政权后，改为高邑。
〔9〕遽起：急忙起身，突然而起。
〔10〕浮梁：浮桥。
〔11〕高南：高邑以南。
〔12〕策马：鞭打马腹。
〔13〕赍粮糗：输送粮食。糗：炒熟的食物，即干粮。
〔14〕鼓噪：大声喧哗，声音嘈杂。

【译文】

五代时，后唐庄宗李存勖出兵救赵，和梁军对抗于距柏乡五里之处，并把部队集结在野河以北。晋军兵力很少，而梁将王景仁虽然兵力不少，但是精锐的主力却不多。晋军看到梁军人多势众，有些气馁。后唐将领周德威为其部下鼓劲说："这些不过是汴州雇佣兵，要打败他们不费吹灰之力。"他回营还把这事向庄宗报告。李存勖说："我带这支深入敌地的军队出征千里之外，利在速战速决。目前如不乘势急速出击，一旦敌人了解了我们的兵力就无计可施了！"周德威说："我看不一定这样，赵人长于守城，不擅长野战，我军要想打胜，非靠骑兵不可。凡是平阔之地，骑兵可以发挥威力；如今我军却驻扎于河边，靠近敌军营门，这样就不能发挥我军的特长了！"李存勖听了很不愉快，回营躺在帐中。将领们谁也不敢去谒见，周德威就请出监军张承业，并对他说："大王发火了。但老将不想出击并非胆怯，而是因为我们兵力不足又离敌营太近。目前所仗的仅是一水相隔，如果梁军弄到船只而渡河来攻，我军就脱不掉被击败的境遇了。不如把部队撤到高邑，诱敌出来，并千方百计进行干扰，使他们不得安宁，就可打胜。"张承业听后便进帐对存勖说："德威老将军深晓兵法，请不要忽视他的建议。"李存勖突然起来说："我正在考虑德威的意见。"不多时，德威抓到梁军俘虏，向他打探王景仁在做什么。回答说："他已造数百只船，将要用来架浮桥。"德威带着俘虏进见李存勖。李存勖笑着说："果然像你所预料的那样。"他立刻下令把军队撤到高邑。周德威派出三百骑兵，逼近梁营挑战，而后他亲率三千主力作为后卫。王景仁发怒，派出全部人马出战。周德威与其转战，且战且走，到十里以外的高南。双方列阵对峙，梁军的横队连贯有六七里长。李存勖跃马登高下望，高兴地说："一片平原上长满矮草，可进可退，真是击败敌人的好战场啊！"于是派人告诉周德威说："我军应该动手和梁军作战。"德威又建议说："梁军轻率地追赶我军，远道与我军辗转战斗，他们来得匆忙，干粮一定没准备，即使粮食随后送上来，也来不及食用，不到中午，人饥马渴，必定要撤走。趁他撤退时立刻追击，就会大胜。"等到下午日头偏西时分，梁军阵中忽然烟尘冲天了，周德威命令部队全线出击，结果梁军大败而逃。

七、舟　战

【原文】

凡与敌战于江湖之间，必有舟楫，须居上风、上流。上风者顺风，用火以焚之；上流者随势，使战舰以冲之：则战无不胜。法曰：欲战者勿迎水流。

【译文】

凡是与敌人在水中作战，必须把所有的船只布置在上风和上流。上风就是顺风，占据上风可以借助风势用火焚烧敌人的船只；上流就是顺着水的流向，占据上流可以借助水势用战舰冲击敌人的船舰。这样就战无不胜。兵法上说：要想与敌人作战，千万不可逆水行舟。

【战例】

春秋，吴子伐楚[1]，楚令尹卜战，不吉。司马子鱼曰[2]："我得上流，何故不吉？"遂战，以巨舰冲突。吴军势弱，难以相拒，遂至败绩。

【注释】

〔1〕吴子：春秋时期吴国公子光，即吴王阖庐。
〔2〕司马子鱼：司马，官名，主管军政。子鱼，人名，即楚公子鲂。

【译文】

　　春秋时期，吴国进攻楚国。楚国的令尹占卜，求问战争的吉凶，结果卜兆上显示战争不吉利。司马子鱼说："我军地处上流，为什么不吉利？"于是，指挥军队投入战斗，并派大型船只冲击吴军船只。因为吴军兵力薄弱，难以抵抗楚军的攻击，很快便被打败了。

八、车　战

【原文】

　　凡与步、骑战于平原旷野，必须用偏箱、鹿角车[1]为方阵，以战则胜。所谓一则治力，一则前拒，一则整束部伍也。法曰：广地则用军车。

【注释】

　　〔1〕偏箱、鹿角车：皆为中国古代用于作战的兵车。偏箱车的车箱系木板制成，置放兵器于其上；作战时，车与车相连，前后相接，连成方阵，可用于平原旷野上作战。鹿角车，则是用削尖的树枝插在偏箱车前后，以防敌人接近。

【译文】

　　凡是步兵或骑兵在平原上作战，必须用偏箱、鹿角车摆成方阵，这样就可以取得胜利。这是因为这种方法一方面可以保持战力，一方面可以阻止敌人接近，还可以掩护我军保持战斗队形。兵法说：开阔的地方就用战车作战。

【战例】

　　晋凉州刺史杨欣失羌戎之和，为虏所没。河西断绝，帝[1]每有西顾之忧，临朝而叹曰："谁能为我通凉州讨此虏者乎？"朝臣莫对。司马督马隆进曰："陛下若能任臣，臣能平之。"帝曰："若能灭贼，何为不任？顾卿方略何如耳！"隆曰："陛下若能任臣，当听臣自任。"帝曰："云何？"对曰："臣请募勇士三千人，无问所从来，率之鼓行而西，禀陛下威德，丑类何足灭者！"帝许之，乃以隆为武威太守。隆募腰开弩三十六钧[2]，立标拣试[3]，自旦至日中，得三千五百人。隆曰："足矣。"隆于是率其众西渡温水，虏树机能等以众万骑，或乘险以遏隆前，或设伏以截隆后。隆以八阵图[4]作偏箱车，地广用鹿角车，路狭则为木屋[5]施于车上，且战且前，弓矢所及，应弦而倒。转战千里，杀伤以千数。隆到武威，虏大人萃跋韩、且万能等率万余众归，隆前后诛杀及降附者数万。又率善戎、没骨能等与树机能等战，斩之，凉州遂平。

【注释】

〔1〕帝：指西晋武帝司马炎。

〔2〕钧：重量单位，一钧为三十斤。

〔3〕拣试：谓选拔考核。

〔4〕八阵图：中国古代用兵作战的一种阵法。

〔5〕木屋：古时战车。类同小屋，四面有窗，可以荫蔽并向敌人放箭。

【译文】

西晋凉州刺史杨欣因和当地羌族关系恶化，被敌人所灭。河西（今甘肃武威一带）被分割阻断。晋武帝经常因西部局势而忧虑，上朝时感叹道："谁能为我讨伐敌人，打开通向凉州之路？"朝廷大臣没有一人回答。司马督马隆上前说："陛下如能任用我，我能讨平他们。"武帝说："如果能打败敌人，为什么不任用呢？想听听你用什么策略和方法啊！"马隆说："您如果能任用我，就应当让我自己方便行事。"武帝说："用什么办法？"回答说："我请求召募勇士三千人，不要问他们从哪里来，率领他们击

晋武帝司马炎

鼓西行，依靠陛下您的威风和道德，何愁敌人不被消灭呢？"武帝同意了，就任命马隆为武威太守。马隆招聘用腰开弩能拉开三十六钧弓力的人，树起旗标进行考试，从早晨到中午，选得三千五百人。马隆说："足够了。"马隆于是率领部众西渡温水（今南盘江），敌寇树机能等率万余骑兵阻击。敌人利用险要地形阻挡晋军的去路，或者设伏兵拦截晋军的后续部队。马隆依照八阵图法制作偏箱车，在广阔的地方，就用鹿角车设营；道路狭窄则做成木屋放在车上，一面作战一面前进。弓箭所射达的地方，敌人应弦而倒；转战千里，杀伤敌人数千。马隆到达武威时，鲜卑部落大人萃跋韩、敌将且万能等前来投降的一万多人。马隆前后诛杀和降服敌军数万人，又把善戎、没骨能等争取过来，直接与树机能作战，将其斩杀，终于平定了凉州。

九、信 战

经典
藏书

【原文】

凡与敌战，士卒蹈万死一生之地，而无悔惧之心者，皆信令使然也。上好信以任诚，则下用情而无疑，故战无不胜。法曰：信则不欺。

【译文】

凡是对敌作战，士卒们踏上战场，而无后悔畏惧之心，因为这是听从指挥和服从命令。将帅讲求信义而以诚待人，那么士卒便会相信而不怀疑，所以打起仗来就能无往而不胜。诚如兵法所说：将帅有威信，是因为不欺诈士兵。

【战例】

三国魏明帝[1]自征蜀，幸长安，遣司马懿督张郃诸军，雍、凉劲卒三十万，潜军密进，窥向剑阁[2]。蜀相诸葛亮时在祁山，旌旗利器，守在险要，会兵交换，在者八万。时魏军始阵，幡兵[3]适交，参佐[4]咸以贼众强盛，非力不制，宜权停下兵一月，以并声势。亮曰："吾统武行师，以大信为本，得原失信，古人所惜；去者速装以待期，妻子鹄立[5]而计日，虽临征难，义所不废。"皆催令去。于是，去者皆悦，愿留一战；往者奋勇，思致死命。相谓曰："诸葛公之恩，死犹未报也。"临战之日，莫不拔剑争先，以一当十，杀张郃，却司马懿，一战大克，信之由也。

【注释】

〔1〕魏明帝：即曹睿，魏文帝曹丕之子。
〔2〕剑阁：地名。位于今四川剑阁县北，地势险要。
〔3〕幡兵：指正在换防的部队。幡，旌旗。
〔4〕参佐：谓僚佐或部下。
〔5〕鹄立：比喻引颈急切地盼望。

【译文】

三国时期，魏明帝曹睿征讨蜀国，亲自从洛阳来到长安，派遣宣王司马懿督统左将军张郃所部，以及雍、凉二州等精兵三十万人，隐蔽轻装前进，直指

司马懿

剑阁。蜀国丞相诸葛亮此时正率军驻防在祁山，他把一切旗帜，武器等军用装备，都用在扼守险要之处，部队正在换防，留在战场的将士只有八万人。正当魏军开始布阵之时，恰值蜀军换防交接过程，诸葛亮的部下都认为敌军强盛，没有足够的兵力是制胜不了对方的，因此纷纷建议把换下来的部队暂留一月，以便壮大蜀军声威。但诸葛亮却说："我统兵打仗，一向以信义为根本，那种'得原失信'的做法，是为古人所痛惜而不取法的。现在，换防该去的士卒已经迅速打点好行装等待归期，他们的妻子则引颈切盼而逐日计算着丈夫归来的时间。因此，目前我们虽然面临征战的困难，但恪守信义的原则不可废弃。"说完，便下令催促换防下来的士卒尽快启程返乡。于是，该走的都很高兴，愿意留下参加战斗；该留的则斗志昂扬，决心拼死一战。他们互相勉励说："诸葛丞相对我们的恩德，我们即使拼上性命也报答不完！"到了交战那天，蜀军无不拔剑争先，冲锋陷阵，以一当十，击杀了魏将张郃，击败了司马懿。蜀军一战而获大胜，这正是诸葛亮以信义为治军根本所取得的成效。

十、教　战

【原文】

凡欲兴师，必先教战。三军之士，素习离合聚散之法，备谙坐作进退之令，使之遇敌，视旌麾以应变，听金鼓而进退，如此则战无不胜。法曰：以不教民战，是谓弃之。

【译文】

凡是准备用兵，必定要先训练部队。要使全军战士平时练好分散与集合的阵法，熟悉起坐和进退的号令，一旦派出与敌人进行战斗，可以根据旗帜的挥动而反应变化，可以听从钲鼓的声响而前进后退，这样就每战必胜。兵法说：如果使用没有训练的人去战斗，就要白白地流血。

【战例】

战国时，魏将吴起曰[1]："夫人常死其所不能，败其所不便。用兵之法，教戒为先。一人学战，教成十人；十人学战，教成百人；百人学战，教成千人；千人学战，教成万人；万人学战，教成三军。以近待远，以佚待劳，以饱待饥。圆而方之，坐而起之，行而止之，左而右之，前而后之，分而合之，结而解之。每变皆习，乃授其兵。神而明之，是谓将事。"

【注释】

〔1〕吴起：战国时军事家。卫国左氏（今山东曹县北）人。

【译文】

  战国时，魏国名将吴起说："一个人往往战死于没有本领上，失败于受到牵制上。用兵的原则，首先是训练部队。一人学好，可以教会十人；十人学好，可以教会一百人；一百人学好，可以教会一千人；以至千人教万人，万人再扩大教成三军之众。以我之近，待敌之远；以我之逸，待敌之劳；以我之饱，待敌之饥。既学圆阵，又练方阵；既练行进，又练由疾行而突止；要练习能左能右，能前能后，能分散能集

吴起

中，能合阵能分解。每种动作、队形变化，都要反复练习，才能把武器发给他们。把战士训练得适应用兵如神的要求，这是做好将帅应做的事。"

十一、众　战

【原文】

  凡战，若我众敌寡，不可战于险阻之间，须要平易宽广之地；闻鼓则进，闻金则止，无有不胜。法曰：用众进止。

【译文】

  凡是作战，如果我众敌寡，就不能在险阻的地形上进行，而必须在平坦开阔的地方进行；听到鼓声就前进，听到锣声就停止，这样没有不打胜仗的。兵法说：指挥大军作战就在于能前进和停止。

【战例】

  东晋时，秦苻坚[1]进屯寿阳，列阵临淝水，与晋将谢玄[2]相拒。玄使谓苻坚曰："君远涉吾境，而临水为阵，是不欲速战；请君稍却，令将士得周旋，仆与君缓辔而观之，不亦乐乎？"坚众皆曰："宜阻淝水，莫令得上，我众彼寡，势必万全。"坚曰："但却，无令得过，而我以铁骑数万，向水逼而杀之。"融[3]亦以为然。遂麾兵，使却，众因乱而不能止。于

是玄与谢琰[4]、桓伊等，以精锐八千渡淝水，右军拒张耗小退，玄、琰仍进兵，大战淝水南，坚众大溃。

【注释】

〔1〕符坚：十六国时期前秦皇帝。公元357—385年在位。
〔2〕谢玄：东晋名将。字幼度，陈郡阳夏（今河南太康）人。
〔3〕融：即符融，符坚之弟，封阳平公，死于淝水之战。
〔4〕谢琰：东晋将领。宰相谢安的儿子。与谢玄是堂兄弟。

【译文】

东晋时，前秦王符坚进兵屯驻寿阳，在淝水沿岸列阵，与晋将谢玄相对峙。谢玄派人告诉符坚说："您长途跋涉来到我国境内，沿水布阵，是不想速战的架势；请您让部队稍向后退一点，使我将士能够渡水上岸与您决一死战，我与各位骑着马慢慢行走观看，不是很快乐吗？"符坚诸将都说："应该将晋军阻隔在淝水那边，不要让他们上岸。我众他寡，一定要用万全之策才行。"符坚说："只稍稍后退，不等他们渡完时，我即以铁骑数万人向淝水冲击而消灭他。"符融也以为这样可以。于是指挥军队后退，不料这一后退，便停止不住了。谢玄与谢琰、桓伊等用八千精锐部队渡过淝水，右翼军把张耗的防线打开缺口。谢玄、谢琰即挥兵向纵深挺进，大战于淝水南岸，符坚大军全线溃败。

谢玄

十二、寡 战

【原文】

凡战，若以寡敌众，必以日暮，或伏于深草，或邀于隘路，战则必胜。法曰：用少者务隘。

【译文】

凡是与敌人作战，如果是用较少的兵力对抗兵力较多的敌人，一定要选在日落黄昏之时，或者在草木深处暗设伏兵，或者在隘口险路截击敌人，这样作战，必定胜利。古代兵法说：使用小部队对敌作战，务必选择险隘的地形条件。

【战例】

《北史》[1]：西魏[2]大统三年，东魏将高欢[3]渡河[4]，逼华州，刺史王霸严守，乃涉洛，军于许原西。西魏遣将宇文泰[5]拒之。泰至渭南，集诸州兵来会。诸将以众寡不敌，请且待欢更西以观之。泰曰："欢若至咸阳[6]，人皆转搔扰。今其新至，可击之。"即造浮桥于渭南，军士赍三日粮，轻骑渡渭，辎重自渭南夹渭而西。十月壬辰[7]，至沙苑，距齐军六十余里。高欢率兵来会。候骑[8]告齐兵至，泰召诸将议，李弼曰："彼众我寡，不可平地置阵。此东十里，有渭曲可据以待之。"遂进至渭曲，背水东西为阵，李弼为右拒，赵贵为左拒。命将士皆偃戈[9]于葭芦[10]之中，闻鼓声而起。日晡[11]，齐军至，望见军少，争进，卒乱而不成列。兵将交，泰鸣鼓，士卒皆起。于谨等以大军与之合战，李弼等率铁骑横击之，绝其军为二，遂大破之。

【注释】

〔1〕《北史》：记载我国南北朝时期北朝的历史著作，唐代李延寿撰。

〔2〕西魏：535年，北魏丞相宇文泰杀死孝武帝，立元宝炬（孝文帝之孙）为帝（文帝），定都长安，史称西魏。

〔3〕高欢：世居怀朔镇（位于今内蒙古包头东北），为鲜卑化的汉人。534年，迫孝武帝西奔长安，立元善见（孝文帝曾孙）为帝，迁都邺城，建立东魏。

〔4〕河：专指黄河。

〔5〕宇文泰：一名黑獭，鲜卑族，代郡武川（今属内蒙古）人。曾杀北魏孝武帝，另立文帝，建都长安，建立西魏，独揽大权。

〔6〕咸阳：郡名。郡治池阳，今陕西泾阳。

〔7〕十月壬辰：即西魏大统三年（537）的十月初一。

〔8〕候骑：谓担任侦察任务的骑兵。

〔9〕偃（yǎn）戈：指伏兵；埋伏。

〔10〕葭（jiā）芦：指芦苇。葭，初生的芦苇。

〔11〕日晡：即午后的申时，亦即十五至十七时。

【译文】

据《北史》记载：南北朝时，西魏大统三年（537），东魏将军高欢统率大军，渡过渭河，直逼华州。西魏刺史王霸下令严密防守。高欢知不可攻，就渡过洛水，把部队摆在许原以西。西魏立刻派出武将宇文泰前来阻击。宇文泰率军到达渭南，各州的援军也陆续集中于此，都以为敌众我寡，难以打胜，应当等高欢继续西进，再看时机。宇文泰说："高欢假若进入咸阳，容易动摇民心。

目前可乘他刚到，立足未稳，可以立即进攻。"于是派人在渭南架浮桥，让士兵准备三天给养，骑兵先过渭河，辎重从渭南沿河两岸，向西输送。十月，到达沙苑，在与高欢军队相距六十里之处进行对抗。高欢率领部队赶来会战。当骑兵侦察队报告高欢军队已至，宇文泰立即召开军事会议。李弼说："敌众我寡，不可以打，应当向东走十里，在渭河弯曲地段，依据有利地形，与其决战。"部队马上开到渭曲，背着渭水，从东向西列阵。李弼为右拒，赵贵为左拒。并下令将士藏着武器待在芦苇丛里，听到鼓响就立即出击。傍晚，高欢率军赶来，看到魏军不多，就争先前进，部队立刻混乱。双方即将交锋，宇文泰擂响战鼓，伏兵冲杀而出。这时于谨所率大队人马与伏兵汇合，李弼等铁骑从侧翼横扫而来。把高欢的人马分割两半，很快把高欢打得大败。

十三、爱　战

【原文】

凡与敌战，士卒宁进死，而不退生者，皆将恩惠使然也。三军知在上之人爱我如子之至，则我之爱上也如父之极。故陷危亡之地，而无不愿死以报上之德。法曰：视民如爱子，故可与之俱死。

【译文】

凡是对敌作战，士兵宁愿前进战死而不愿后退生还，这是将领的爱护使他们这样的。三军官兵知道将领爱兵如爱子一般，就会像爱父亲一样爱将领，即使处于危亡之地，也没有不愿以死来报答将领恩德的。兵法说：对待士兵就像对自己的孩子一样，士兵就可以和他同生共死。

【战例】

魏将吴起为西河守，与士卒最下者同衣食。卧不设席，行不乘骑，亲裹赢粮[1]，与士卒分劳苦。卒有病疽[2]者，起为吮[3]之。卒母闻而哭之。或曰："子卒也，而将军自吮其疽，何哭为？"母曰："非然也。往年吴公吮其父，其父战不旋踵[4]，遂死于敌。吴公今又吮其子，妾不知其死所矣。是以哭之。"文侯[5]以吴起用兵廉平[6]，得士卒心，使守西河，与诸侯大战七十六，全胜六十四。

【注释】

〔1〕赢粮：指装满粮食。赢，通"盈"。

〔2〕疽：脓疮。

〔3〕吮：用嘴含吸，哑。

〔4〕旋踵：引申为后退。踵，脚后跟。

〔5〕文侯：即魏文侯，战国时魏国建立者，名斯。

〔6〕廉平：廉洁且平和。

【译文】

战国时期的魏国将领吴起做河西太守时，与士兵中身份最低下的人同衣同食；睡觉不铺席，行路不骑马，亲自捆扎携带粮食，与官兵同分担劳苦。士兵中有人长了疽，吴起用嘴为他吮脓。士兵的母亲听说后为儿子大哭。有人说："你的儿子是个兵卒，将军亲自为他吮疽，你为什么还哭呢？"母亲说："不是这样。只因过去吴公为我儿的父亲吮伤，他父亲作战不后退，终于在战斗中牺牲了；吴公今天又吮他的儿子，我不知他会死在哪里，所以才为他哭呢！"魏文侯因吴起用兵廉洁平等，深得官兵人心，让他镇守河西。吴起与诸侯大战共计七十六次，而得了全胜的就有六十四次。

十四、威　战

【原文】

　　凡与敌战，士卒前进而不敢退后，是畏我而不畏敌也；若敢退而不敢进者，是畏敌而不畏我也。将使士卒赴汤蹈火而不违者，是威严使然也。法曰：威克厥爱允济。

【译文】

　　凡是与敌作战，士卒之所以奋勇前进而不敢后退的，是由于畏惧将帅的威严而不畏惧敌人的缘故；如果敢于后退而不敢前进的，那是由于畏惧敌人而不畏惧将帅的缘故。将帅命令士卒赴汤蹈火而不敢违抗的，是由于威严的军纪促使他们这样做的。兵法说：威严的军纪克服了单纯的怜爱私惠，作战就会取得胜利。

【战例】

　　春秋，齐景公时，晋伐阿、甄[1]，而燕侵河上[2]，齐师败绩。晏婴乃荐田穰苴[3]，曰："穰苴虽田氏庶孽，然其人文能附众，武能威敌，愿君试之。"景公乃召穰苴与语兵事，大悦之，以为将军，将兵扞燕、晋之师。穰苴曰："臣素卑贱，君擢之间伍之中，加之大夫之上，士卒未附，百姓不亲，人微权轻，愿得君之宠臣、国之所尊，以监军，乃可。"于是景公许之，使庄贾往[4]。穰苴既辞，与庄贾约："旦日日中会于军门。"穰苴先驰至军中，立表下漏待贾。贾素骄贵，以为将己之军而己为监，不甚急，亲戚左右送之，留饮，日中而贾不至。苴则仆表决漏入，行军勒兵，申明约束。既定，夕时，贾乃至。苴曰："何为后期？"贾对曰："不佞大夫亲戚送之，故留。"苴曰："将受命之日，则忘其家；临阵约束，则忘其亲；援枹鼓之日，则忘其身。今敌国深侵，邦内骚动，士卒暴露于境，君寝不安席，食不甘味，百姓之命皆悬于君，何谓相送乎？"召军正问曰[5]："军法，期而后至者云何？"对曰："当斩。"贾惧，使人驰报景公请救。既往，未及反，于是遂斩庄贾，以徇三军，三军皆振栗。久之，景公遣使持节赦贾，驰入军中。苴曰："将在外，君命有所不受。"问军正曰："军中不驰，今使者驰云何？"对曰："当斩。"使者大惧。苴曰："君之使不可杀之。"乃杀其仆、车之左驸、马之左骖[6]，以徇三军。遣使者还报，然后行。士卒次舍、井灶、饮食、问疾、医药，身自拊循之。悉取将军之资粮以享士卒，身与士卒平分粮食。最比其羸弱者，三日而后勒兵。病者皆求行，争奋出，为之赴战。晋师闻之，为罢去；燕师闻之，渡河而解。于是苴乃率众追击之，遂取所亡邦内故境，率兵而归。

【注释】

〔1〕阿、甄：齐地名。阿，东阿；甄，甄县。都属于济阴。

〔2〕河上：黄河岸，即沧州、德州附近。

〔3〕田穰苴：姓田，名穰苴，齐国人。官至司马，深通兵法。

〔4〕庄贾：春秋时齐国大夫，景公之宠臣。

〔5〕军正：官名，古代军中执法的武官。

〔6〕左驸、左骖：在车左协助驾车的副手与驾车的左马。

　　春秋时期，齐景公执政期间，晋国攻打齐国的东阿和鄄城，而燕国则侵犯齐国黄河南岸的领土。齐国军队被打败了。齐景公非常忧虑这件事。大臣晏婴为此而向景公推荐了田穰苴，说：“穰苴虽为田氏门中偏房所生，可是此人论文韬能使民众归服，论武略可令敌人畏惧。希望君王试一试用他。”景公于是召见田穰苴，同他谈论用兵之事，非常高兴，就任命他为将军率兵抗击燕、晋的入侵。穰苴受任后，对景公恳切地说：“我本人一向地位低下，君王突然把我从平民中提拔起来，加官于大夫之上，士兵不会服从，百姓不会亲近。人的地位低微就没有权威可言，因此，请求派一个为君王所重用、为全国所尊敬的人来做监军，这样才可以统军作战。”于是，景公就答应了他的请求，派遣庄贾担任监军。田穰苴辞别了齐景公，与庄贾约定说：“明天中午于军营门会齐。”第二天，穰苴骑马先赶到军营，设置了测日影的标杆和计时间的漏壶，以等待庄贾的到来。庄贾平素对人傲慢、害怕艰苦，这次又认为穰苴所率士卒是他自己的军队，而他自己又是君王委派来做监军的，故对如约赴军之事不很认真。亲戚朋友为他送行，留他宴饮，到了中午时分他还没有到达军营。田穰苴便放倒测影标杆，撤掉计时漏壶，然后进入军营，检阅队伍，指挥士兵，再三申明军律。部署完毕，待到傍晚时分，庄贾才姗姗来到军营。田穰苴质问庄贾说：“为什么过了约定时间才到？”庄贾满不在乎地回答道：“不才受大臣和亲戚们盛情饯行，故留饮有所耽搁。”穰苴厉声指斥说：“身为将帅，接受命令的那一天起，就应忘掉自己的家；亲临战阵指挥部队，就应忘掉自己的父母；擂鼓进击的紧急时刻，就应忘掉自己的生命。如今，敌人侵入我国内地，国内人心动荡，士卒们日夜暴露于边境之上，君王为此睡不安稳，吃不香甜，百姓的性命都系在你的手里，为什么竟然把相送做为借口？”说罢，就把军法官叫来，问道：“军法上对于约期而迟到的人，规定该怎样处置？”军法官回答说：“应当处斩。”庄贾这时才感到害怕起来，他立即派人飞马报告齐景公，请求解救。但是，庄贾派出的人尚未返回时，田穰苴已按军法将庄贾斩首示众了。全军将士都为此震惊战栗不已。过了好久，齐景公所派使者手持符节乘车来救庄贾，径直闯入军营。田穰苴对景公使者说：“将领在军中执行军务，君王的命令有的可以不接受。”他又问军法官，说：“军营中不准车马驰入，如今使者这样干了，军法规定该怎么办？”军法官回答说：“应当处斩。”使者一听大为恐惧。但田穰苴却说：“君王的使者是不可以杀掉的。”于是，就斩了使者的仆人，砍断了车子左边的

田穰苴

车辕、杀了左边驾车的马匹，并向全军示众。田穰苴让使者还报齐景公，然后部队开始行动。对于部队的行军宿营、掘井埋灶、士卒饮食、看病吃药等事宜，田穰苴都亲自一一过问和布置。他还把自己那份官俸粮饷全部拿出来，供士卒们享用，自己同士卒一样平分粮食，特别是照顾那些体弱有病的士卒。三天之后部署战斗，这些病号都要求跟部队一起行动，大家奋勇争先地为报答将军的关怀而去战斗。晋军听到这个消息后，便撤兵而去；燕军听到这个消息后，也渡过黄河向北撤走，齐国的危急得以解除。田穰苴乘势挥军追击，收复了全部失地，然后率军凯旋。

十五、赏　战

【原文】

　　凡高城深池，矢石累下，士卒争先登；白刃始合，士卒争先赴者，必诱之以重赏，则敌无不克焉。法曰：重赏之下，必有勇夫。

【译文】

　　凡是要攻高城深池，当守城的用箭石不断向下抛射时，我方士兵敢于强攻先登的；当敌我白刃格斗时，我方士兵敢于争先拼搏的，都必须用重赏加以鼓励，那么敌人占领的城池就没有不能攻克的。兵法说：重赏之下，必有勇士出现。

【战例】

　　汉末，大将曹操每攻城破邑，得靡丽之物，则悉以赏有功者。若勋劳宜赏，则不吝千金；无功妄施，分毫不与。故能每战必胜。

【译文】

　　东汉末，曹操每当攻下城池，占领州县，缴获贵重和好看的物品，都赏赐给立功的人。只要有大功该赏，给千两黄金也不吝惜；没有功劳的决不乱赏，一分一毫也不给。所以他率军每次作战都能打胜。

十六、罚　战

【原文】

　　凡战，使士卒遇敌敢进而不敢退，退一寸者，必惩之以重刑，故可以取胜也。法曰：罚不迁列。

【译文】

　　凡是交战，要使士卒与敌遭遇时，能够奋勇前进而不敢后退；而对于畏敌后退一步的，必须以军法从事，严惩不贷。只有这样，才可以打胜仗。兵法说：犯了军律就地执行，决不姑息迁延。

【战例】

　　隋大将杨素[1]，御戎[2]严整，有犯军令者，立斩之，无所宽贷[3]。每将对敌，辄求人过失而斩之，多者百余人，少者不下十数人，流血盈前，言笑自若。及其对阵，先令三百人赴敌，陷阵则已，如不能陷阵而还者，无问多少，悉斩之。又令二三百人复进，还如向者。战士股栗[4]，有必死之心，由是战无不胜。

【注释】

　　〔1〕杨素：隋代名将。弘农华阴（今属陕西）人。因灭陈有功，封越国公。

　　〔2〕御戎：原意为掌驭兵车，后指治军或统御军队。

　　〔3〕宽贷：宽恕；饶恕。

　　〔4〕股栗：因害怕而两腿发抖。

【译文】

　　隋朝大将军杨素带兵以严整著称，遇有违犯军令的，立刻处置，向来不肯宽恕。每当战斗之前，总是寻找犯有过错的士兵进行处决，多时达一百余人，少时也不下十余人。眼前虽然洒满鲜血，但是他却谈笑自如。当他指挥作战时，首先命令三百人向敌出击，攻破敌阵则可，如果不能攻破敌阵而活着回来，不论多少，全都处决。然后又派出二三百人再去进攻，处理方法仍然如前。所以将士每听到他发号施令，立时双腿颤抖，人人都不怕死，竭力拼杀，因而每次作战，无不胜利。

杨　素

十七、主　战

　　凡战，若彼为客[1]、我为主[2]，不可轻战。为吾兵安，士卒顾家，当集人聚谷，保城备险，绝其粮道。彼挑战不得，转输不至，候其困弊而击之，则无不胜矣。法曰：自战其地为散地。

【注释】

　　〔1〕客：被动，不利；深入敌境作战。
　　〔2〕主：主动，有利；在本国境内防御作战。

【译文】

　　凡是对敌作战，如果敌方为客方，我方为主方，不要轻率出击。如果我方士兵决心保家卫城，就应当集合部队屯积粮食，设立险要保守城池，切断敌人的粮道。敌人挑战不能，辗转运输又不能达到，等他陷入困境和疲惫时再攻击他，就能战无不胜。兵法上说：在自己的土地上作战称为散地。

【战例】

　　《北史》：后魏武帝[1]亲征后燕慕容德于邺城，前军大败绩。德又欲攻之，别驾韩谆进曰："古人先决胜庙堂[2]，然后攻战。今魏不宜击者四，燕不宜动者三。"德曰："何故？"谆曰："魏军远入，利在野战，一不可击也。深入近畿，致其死地，二不可击也。前锋既败，后阵必固，三不可击也。彼众我寡，四不可击也。官军自战其地，一不宜动。动而不胜，众心难固，二不宜动。城隍未修，敌来未备，三不宜动。此皆兵家所忌，不如深沟高垒，以佚待劳。彼千里馈粮[3]，野无所掠，久则三军靡费[4]，攻则士卒多毙，师老衅生，起而图之，可以捷也。"德曰："谆别驾之言，真良、平[5]策也。"

【注释】

　　〔1〕后魏武帝：即北魏武帝拓跋珪。
　　〔2〕庙堂：古代帝王祭祀和商议军国大事的地方。
　　〔3〕馈粮：运送粮食。馈，送。

百战奇略

〔4〕靡费：指耗费，过度地消耗。

〔5〕良、平：指西汉刘邦的谋臣张良、陈平。

【译文】

据《北史》记载：后魏武帝拓跋珪率领军队到邺城征讨后燕慕容德。魏军前锋被打得大败亏输。慕容德想乘胜攻击。别驾韩诺进谏说："古人都要先在朝廷议决，有胜利把握然后才出兵进攻。现在不能攻击魏国的原因有四个，燕国不宜出兵的原因有三个。"慕容德问："什么原因？"韩诺说："魏军从远方进入我境，野战对魏军是有利的，这是不宜攻击的第一个原因；敌军深入我城池的近郊，这就将他的军队置于了死地（必定拼死作战），这是不宜攻击的第二个原因；敌军前锋已经败阵，后面部队的阵势必然会加固，这是不宜攻击的第三个原因；敌众我寡，这是不宜攻击的第四个原因。而我官兵是在自己的土地上作战，这是不宜出动的第一个原因；如果出动不能获胜，官兵的心就难以稳固，这是不宜出动的第二个原因；护城墙和护城河未修，敌人来了还未做好防御的准备，这是不宜出动的第三个原因。这三条都是兵家所忌讳的，不如深挖沟高垒壁，以逸待劳。敌军从千里以外运来粮食，野外又没有什么可以掠取的，时间长了，三军耗费很大，如果向我进攻，则士兵就要伤之惨重，军队疲惫了就会有隙可乘，这时再乘虚谋取，一定能够获胜。"慕容德说："你的妙计，同张良、陈平一样，真是良好的计策。"

十八、客　战

【原文】

凡战，若彼为主，惟务深入。深入，则为主者不能胜也。谓客在重地，主在轻地，故耳。法曰：深入则专。

【译文】

凡是作战，如果敌人是在本土防守，而我军处于进攻地位时，就务必要深入敌国腹心地区。越深入敌人腹心地区，就会使敌人不能取得胜利。这就是通常所说的，"客军"深入敌国腹心地区，因无反顾之路，只能拼命进击敌人；而"主军"处于本国作战，士卒思乡恋土，易于逃散致败的缘故。兵法说：深入敌国腹心地区作战，将士斗志更坚。

【战例】

汉韩信[1]、张耳，以兵数万，欲东下井陉[2]击赵。赵王及成安君陈余聚兵井陉口，众号二十万。广武君李左车[3]说成安君曰："闻韩信涉西河，获魏豹[4]，擒夏说[5]，新喋血阏与，今乃辅以张耳，议欲以下赵。此乘胜而去国远斗，其风声所及，足以夺人，其锋何可当也。臣闻千里馈粮，士有饥色，樵苏而爨，师不宿饱；今井陉之道，车不得方轨，骑不得成列，其势粮食必在其后。愿足下假臣奇兵三万人，从间道绝其辎重；足下深沟高垒勿与战。彼前不能进，退不能还，野无所掠，不至十日，两将之头可悬麾下。愿君留意，否则，必为所擒。"成安君自以为义兵，不听其策，果被杀。

【注释】

〔1〕韩信（？—前196）：汉初军事家。为汉朝建立立下汗马功劳。

〔2〕井陉：故址在河北井陉北井陉山上。地势险要，为兵家必争之地。

〔3〕广武君李左车：赵国谋臣，后被俘归汉。

〔4〕魏豹：魏王豹，叛汉归楚，终被韩信所俘。

〔5〕擒夏说：韩信破魏之后，同张耳合兵，北击赵、代，擒住了夏说、阏与。

【译文】

西汉初年，韩信与张耳奉刘邦之命率兵数万，企图东下井陉，进攻赵国。赵王歇和辅佐他的成安君陈余调集部队于井陉口，号称二十万众。广武君李左车向成安君陈余建议说："听说汉将韩信从黄河西岸东渡，俘虏了魏王豹，活捉了夏说，刚刚血洗了阏与。如今又以张耳为辅佐，议定要进占赵国，此是乘胜扩张战果而到远方的国家，他们的胜利消息不论传到何处，都足以使人丧胆。因为他们强大的战斗力是难以阻挡的啊！但我听说，从千里以外运

韩 信

送军粮，士兵就会面有饥色；临时打柴割草而烧火做饭，军队就不能经常吃饱。如今井陉这条道路，车辆无法并列通行，骑兵不能并排行走，汉军行进在数百里的狭长道路上，他们的运粮车势必落在部队之后。希望您暂且拨给我奇兵三万人，抄小路拦截他们的辎重粮草；而您就凭据深沟高垒，固守防御，不与其交战。这样，他们前进而无法交战，后退而不能返还，我用奇兵切断其后路，使他们在野外掠不到粮食，不出十天，韩、张两将之头就会悬挂在将军的指挥旗下。希望您能认真考虑我的计策，不然的话，必将为他们所擒获。"成安君陈余自以为正义之师不使用诈谋奇计，根本不采纳广武君的计策，其后果然被韩信部队所杀。

十九、强　战

【原文】

凡与敌战，若我众强，可伪示怯弱以诱之，敌必轻来与我战，吾以锐卒击之，其军必败。法曰：能而示之不能。

【译文】

凡是对敌作战，如果我兵多力强，可以故意显示出怯弱的样子，以引诱敌人来与我交战，敌人必定轻率向我攻击。我用精锐部队攻击他，他们必定失败。兵法说：能胜而故意表示出不能胜。

【战例】

战国赵将李牧[1]，常居雁门，备匈奴。以便宜置吏，市租皆输入幕府[2]，为士卒费，日击数牛享士[3]，习骑射，谨烽火，多间谍。后与将士为约曰："匈奴入盗，急入收保[4]，有敢搏虏者，斩。"匈奴每入盗，辄入收保，不与战。如是数岁，无所亡失。然匈奴以李牧为怯，虽赵边兵亦以为吾将怯。赵王谓李牧，李牧如故。赵王召之，使人代牧将。岁余，匈奴来，每出战，数不利，失亡多，边不得田畜。于是，复请牧，牧称疾，杜门不出。赵王乃复强起，使将兵。牧曰："若用臣，臣如前，乃敢奉命。"王许之，李牧遂往，至如故约。匈奴来无所得，终以为怯。边士日得赏赐，不用，皆愿一战。于是乃具选车，得一千三百乘；选骑得一万三千匹；百金之士五万人，控弦者十万人，悉勒兵习战。大纵畜牧，人民满野。匈奴来，佯败不胜，以数千人委之。单于闻之，大率众来入。李牧多为奇阵，张左右翼以击之，大破之。杀匈奴十万余骑，单于奔走。其后十余岁，匈奴不敢犯赵边。

【注释】

〔1〕李牧：战国末赵国名将。长期防守北边，又曾大败秦军，被封为武安君。

〔2〕幕府：远征军队的驻扎之地。

〔3〕享士：指犒劳士兵。享通"饷"，用酒食款待人，泛指请人享受、享用。

〔4〕收保：收缩阵地，严密防守，而不轻易出战。

【译文】

战国时期，赵国大将李牧，常年居守在雁门防备匈奴进犯。他根据情况设置官吏，将收来的租税都送入幕府，作为官兵的费用。每天杀好几头牛慰劳士兵。练习骑马射箭，各处多设烽火，多派间谍。而后又和将士约法说："如果匈奴前来进犯，要立即收兵回城防御，谁胆敢捕捉敌人，立即问斩。"匈奴每次来犯，都立即收兵防守，不与敌交战。这样几年，没有什么损失。然而匈奴却以为李牧是胆怯，就是赵国边关的士兵也以为自己的将领是胆怯。赵王责备李牧，李牧依然坚持原来的做法。赵王将李牧召回，派人代李牧为将领。一年多时间，匈奴每次来犯时，都出兵交战，多数失利，丢失牲畜很多，边境一带不能种田放牧。于是重请李牧任将，李牧声称有病，闭门不出。赵王便再一次强请李牧出来带兵。李牧说："如果任用我，必须允许我用以前那样的老办法，我才敢接受命令。"赵王答应了他，李牧才前往边关。到后仍然像以前那样约法。匈奴进犯时一无所得，到头来还以为赵兵胆怯。边关兵士每天都得到赏赐，却不作战，都纷纷表示愿和匈奴决一死战。于是就广选战车，得到一千三百乘；挑选战马，得到一万三千匹；挑选坚锐士兵五万人，弓箭手十万人，全都指挥他们练习进攻。又大肆放牧牲畜，老百姓满山遍野。匈奴来时，假败不胜，将几千人让他掳去。匈奴单于听说后，率领大军来犯。李牧广设奇阵，展开两翼，包抄匈奴，杀死匈奴十多万骑兵，匈奴单于也败逃而走。以后十多年，匈奴再也不敢侵犯赵国的边境。

二十、弱　战

【原文】

凡与敌战，若敌众我寡，敌强我弱，须多设旌旗，倍增火灶，示强于敌，使彼莫能测我众寡、强弱之势，则敌必不轻与我战，我可速去，则全军远害。法曰：强弱，形也。

【译文】

凡是对敌作战，如果处于敌众我寡、敌强我弱的态势时，必须多设旗帜，加倍增筑锅灶，伪装成强大迷惑敌人，使其无法摸清我军人数之多少、兵力之强弱，敌人就必定不敢轻易向我进攻。这样，我军便可迅速撤离，使全军摆脱危险境地。兵法说：兵力的强弱，是可以用"示形"之法来伪装的。

【战例】

　　后汉，羌胡反，寇武都[1]，邓太后[2]以虞诩[3]有将帅之略，迁武都太守。羌乃率众数千，遮诩于陈仓[4]、崤谷，诩即停军不进，而宣言上书请兵，须到当发。羌闻之，乃分抄傍县。诩因其兵散，日夜倍道兼行，日行百余里。令吏士各作两灶，日增倍之，羌不敢逼。或问曰："孙膑减灶而君增之。兵法日行不过三十里，而今日且行百里，何也？"诩曰："虏众多，吾兵少，虏见吾灶日增，必谓郡兵来迎。众多行速，必惮追我。孙膑见弱，吾今示强，势有不同故也。"

【注释】

〔1〕武都：郡名。汉武帝所设置。东汉时郡治在下辨（位于今甘肃徽县西）。
〔2〕邓太后：指邓绥，东汉和帝刘肇的皇后。和帝死后临朝执政十余年。
〔3〕虞诩：东汉陈国武平（今河南鹿邑）人，字升卿。任武都太守时，大破羌军。
〔4〕陈仓：古县名，位于今陕西宝鸡东。

【译文】

　　后汉时，羌族入侵逼近武都。邓太后认为虞诩具有大将之谋略，提升他为武都太守。羌兵数千人截击虞诩于陈仓境内的崤谷。虞诩立刻命令部队停止前进，并放出风声说："目前要向朝廷求援，等援军到来之后再走。"羌兵听到后，便又分散到附近县境虏掠。虞诩乘羌兵分散，昼夜进军，兼程一百多里。同时下令宿营时官兵各砌两灶，每天增加一倍。这样，羌兵始终不敢逼近。有人问："古时孙膑减灶而你却增灶；兵法说，日行不过三十里，而现在却日行上百里。这是为什么呢？"虞诩回答说："敌人众多，我军兵少；敌见我炉灶增多，必定认为武都已派兵前来接应；人多势众而行动迅速，因而敌人不敢追击。古人孙膑故意显示软弱，我则伪装强大，这是由于态势不同的原因啊！"

虞　诩

二十一、骄　战

【原文】

　　凡敌人强大，未能必取，须当卑辞厚礼，以骄其志，候其有衅可乘，一举可破。法曰：卑而骄之。

【译文】

凡是敌人兵力强大，没有充分把握将其打败，就要施用谦词重礼，促成其骄惰，待其有隙可乘，再发动突然袭击，便可彻底取胜。兵法说：以谦卑示弱，促使敌人骄惰起来。

【战例】

蜀将关羽[1]北伐，擒魏将于禁[2]，围曹仁[3]于樊[4]。吴将吕蒙[5]在陆口[6]称疾，诣建业[7]，陆逊[8]往见之，谓曰："关羽接境，如何远下，后不堪忧也！"蒙曰："诚如来言，然我病笃[9]。"逊曰："羽矜其功，骄气凌轹于人。又相闻病，必益无备。今出其不意，自可擒制。若见至尊，宜好为计。"蒙曰："羽素勇猛，既难与敌，且已据荆州，恩信大布，兼始有功，胆气益壮，未易图也。"蒙至都，权问："卿病，谁可代者？"蒙对曰："陆逊虑思深长，才堪负重，观其规虑[10]，终可大任。而未有远名，非羽所忌，无复是过。若用之，当令外自韬隐[11]，内察形便，然后可克。"权乃召逊，拜偏将军右都督代蒙。逊至陆口，书与羽曰："前承观衅而动[12]，以律行师，小举大克，亦何巍巍！敌国败绩，利在同盟，闻庆抚节，想遂席卷，共奖王纲。某不敏，受任来西，延慕光尘，思禀良规[13]。"又曰："于禁等见获，遐迩欣叹，以为将军之勋足以长世，虽昔晋文城濮之师[14]，淮阴拔赵之略[15]，蔑以尚之。闻徐晃[16]等步骑驻旌，窥望麾葆。操[17]猾虏也。忿不思难，恐潜增众，以逞其心。虽云师老，犹有骁悍。且败捷之后，常苦轻敌，古术军胜弥警，愿将军广为方针，以全独克。某书生疏迟，忝所不堪，嘉邻威德，乐自倾尽，虽未合策，犹可怀也。"羽览书，有谦下自托之意，遂大安，无复所嫌。逊具启状，陈其可擒之要。权乃潜军而上，使逊与吕蒙为前部，至，即克公安、南郡[18]。

【注释】

〔1〕关羽(？—219)：刘备部将。字云长，河东解(今山西临猗西南)人。

〔2〕于禁(？—221)：三国时曹操部将。字文则，泰山巨平(今山东泰安南)人。

〔3〕曹仁（168—223）：三国时魏国将领，曹操的堂弟。沛国谯（今安徽亳县）人。

〔4〕樊：樊城在湖北西北部、汉江中游。

〔5〕吕蒙：三国时吴将。字子明。曾定计取荆州，擒关羽。

〔6〕陆口：在今湖北嘉鱼县西南。

〔7〕建业：三国时东吴的都城。

〔8〕陆逊（183—245）：三国时吴将。字伯言，吴郡吴县（今江苏苏州）人。

〔9〕病笃：病重、病危。

〔10〕规虑：规划思虑。即筹策定计。

〔11〕韬隐：隐藏不露，等待时机。

〔12〕观衅而动：看出破绽而出动。

〔13〕思禀良规：思禀，想要承受；良规，好的规范。向模范学习之意。

〔14〕城濮之师：指春秋时晋楚的城濮之战。

〔15〕拔赵之略：指韩信背水一战，以少胜多，大败赵军之事。

〔16〕徐晃：三国时魏曹操的大将。

〔17〕操：指东汉末政治家、军事家兼文学家曹操。

〔18〕公安、南郡：公安，在今湖北南部、长江南岸。南郡，即今湖北荆州。

【译文】

三国时蜀将关羽向北进军，活捉魏将于禁，又把曹仁围困于樊城。吴将吕蒙称有病从陆口到建业。陆逊前去与吕蒙相会，问："关羽最近所占领的地区和你比邻，为什么这时却回到长江下游的建业来？你走后如果部署不当，就令人担忧啊！"吕蒙说："情况正如你所说的，但是我却病得很厉害。"陆逊说："关羽仗着骁勇的气势，凌驾欺压于人。他听到你生病的消息，必定越发不作准备。现在如果在其没料到之时突然出击，自然可以把他活擒或打败。希望谒见吴王时，应该就此好生计议。"吕蒙说："关羽一向勇猛，不但作战难以对付，而且他已占有荆州，威望和信义更加增大，加上新立战功，信心、气势更足，要制服他不容易！"吕蒙到了吴都去参见孙权，孙权问："你病了，谁可代替你？"吕蒙答曰："陆逊眼光远大，有军事才能可负此重任。看他的筹划和思虑，终究是可当大任的。现在因为他名声不大，关羽也不会有所顾虑，没有比他再合适的了。假若用他，应当告诉他要注意对外不露声色，对内加强侦察，等待时机然后可以达到战胜关羽的目的。"孙权就召见陆逊，提升为偏军右都督代替吕蒙。陆逊赴任到达陆口之后，立刻写信给关羽说："以前曾经看到贵军行动，按照军律用兵，以小的战斗换来伟大胜利，获得赫赫战功。不仅打败敌国，而且对两国的联盟很有利。我们都曾破敌军如卷

陆　逊

席，共同庆幸汉家帝王事业的振兴。敝人才疏学浅，刚刚西来赴任，我一向十分敬仰阁下的荣耀，愿把您作为榜样。"信中还说："魏将于禁等已被阁下擒捉，心情久久不能平静，认为将军功勋，可以万古流芳。就是古代晋文公城濮之战中用兵之法、韩信破赵之谋略，都难以超过将军的功绩。又听魏将徐晃等步、骑兵刚刚赶到，他们也只能观望将军的麾旗不敢轻动。只是曹操老奸巨猾，气急败坏时难免积邪火而不顾危险，暗里增兵，以达到其南下的目的。虽然魏军长途行军到此，不免是疲惫之师，但还不是毫无实力。而且战胜之军往往会产生麻痹轻敌的情绪。古代用兵术常讲军队胜了要越加警觉。我祝愿将军广为筹划，以争取全部胜利。我不过是一个书生，所见不免疏漏迟钝，勉强陈述我所懂得不多的事情。如今我军有一个威德兼备的好邻居，乐意讲出心里话。所讲的不一定合乎兵策，但确是我的一番心意啊！"关羽看了此信，认为其中有谦逊婉转，请求关照的意思在内，于是放了心，就没有再加怀疑。陆逊在这时却把情报上送孙权，说明目前已经具备活捉关羽的条件的主要理由。于是孙权秘密派兵而来，委任陆逊和吕蒙为先锋。大军一到，立刻攻克公安和南郡。

二十二、交　战

【原文】

凡与敌战，傍与交国，当卑词厚赂以结之，引为己援。若我攻敌人之前，彼掎其后，则敌人必败。法曰：衢地则合交。

【译文】

凡是与敌军作战，如果有邻近战区的国家，就应当用谦和的言辞和贵重的礼物去结交该国，使之成为自己的同盟，争取为己方的后援。如果我军向敌人发动正面攻击，他可在后方牵制敌方兵力，这样敌人就非败不可。兵法上说：在诸国交界的地区作战，就应搞好外交关系，结好盟友。

【战例】

三国蜀将关羽围曹仁于樊，魏遣左将军于禁等救之。会汉水暴起，羽以舟兵虏禁等步骑三万，送江陵[1]。是时，汉帝都许昌[2]，曹操以为近敌，欲徙河北以避其锋。司马懿谏曰："禁等为水所没，非战守之所失，于国家大计未有所损，而便迁都，既示敌以弱，又淮、沔之人俱不安矣[3]。孙权、刘备，外亲而内疏。羽今得意，权必不愿也。可谕权令掎其后，则樊围自解。"操从之，遣使结权。权遂遣吕蒙西袭公安、南郡，拔之。羽果弃樊而去。

【注释】
〔1〕江陵：县名。在湖北中部偏南、长江沿岸。
〔2〕许昌：在河南中部。三国时曹操建都于此。
〔3〕淮、沔：泛指河南、陕西南部和江苏等大片地区。淮，淮河。沔，县名。

【译文】

　　三国时候，蜀将关羽把魏将曹仁围困在樊城，魏国就派左将军于禁前去解围。正碰上汉江洪水暴涨，关羽带领水军乘船顺流而下，俘虏了于禁及手下步、骑兵三万多人，将他们押送到江陵。当时，汉献帝在都城许昌。曹操感到此地距前方太近，为避开关羽的锋芒，打算迁都黄河北。司马懿建议说："于禁等将士完全是由于遭洪水淹没而被擒，并不是作战方面的失误。这对国家根本不是什么大的损失。现在如果迁都北方，那就是向敌军示弱，而且使淮汉一带民心动荡。孙权和刘备表面亲近，实则各有用心，现在关

吴大帝孙权

羽打了胜仗，孙权必定不高兴。这时候我们立即联络孙权，让他从背后牵制关羽，我们的樊城之围必能解除。"曹操接受了司马懿的建议，派去使者谦词厚礼结交孙权。结果，孙权命令吕蒙带兵西上袭击公安和南郡，迅速占领这一带。关羽得知，果然放弃围困樊城把兵力撤走了。

二十三、形　战

【原文】

　　　　凡与敌战，若彼众多，则设虚形以分其势，彼不敢不分兵以备我。敌势既分，其兵必寡。我专为一，其卒自众。以众击寡，无有不胜。法曰：形人而我无形。

【译文】

　　凡是和敌人作战，如果敌人兵力众多，就要用制造假象的"示形"之法来牵制敌人的兵势，迫使它不敢不分兵来防备我。敌人的兵力既然分散了，从而战斗力减弱；而我军集中兵力于一处，战斗力自然加强。用我优势兵力攻击数

量处劣势的敌人，是没有不胜利的。兵法说：用制造虚形假象之法诱使敌人暴露弱点，而把我军真实情况隐蔽起来不为敌人所知。

【战例】

汉末，建安五年，曹操与袁绍相拒于官渡。绍遣郭图、淳于琼、颜良，攻操将东郡太守刘延于白马。绍率兵至黎阳，将渡河。夏四月，曹操北救延。荀攸[1]说操曰："今兵少不可敌，若分其势乃可。公到延津，若将渡河向其后，绍必西应之。然后轻兵袭白马，掩其不备，颜良可擒也。"操从之。绍闻操兵将渡，即分兵西应之。操乃率军兼行趋白马，未至十余里，良大惊，来迎战。操使张辽、关羽前登击破之，斩颜良，遂解白马之围。

【注释】

〔1〕荀攸：曹操谋士。字公达，颍川颍阴（今河南许昌）人。

【译文】

东汉献帝建安五年(200)，曹操同袁绍对抗于官渡地区。袁绍派遣郭图、淳于琼、颜良率兵进攻驻扎在白马的曹操部将、东郡太守刘延所部，袁绍则亲自率兵进至黎阳，准备南渡黄河。到了四月，曹操率军北上援救刘延。荀攸向曹操建议说："现在我军兵力少难以抵挡袁军，如果分散他们的兵力，然后才可以战胜它。您带部分人马向延津方向，摆

关羽

出将要北渡黄河攻打其后方的样子，袁绍必定会西来应战。然后我们率领轻装骑兵袭击白马，乘其不备而攻之，颜良就可以为我们所擒了。"曹操接受了他的建议。袁绍听到曹军要从延津北渡黄河的消息后，立即分兵向西应战。曹操见袁绍中计，乘机率兵日夜兼程直趋白马，当进抵距白马尚有十余里时，颜良才发觉，匆忙前来迎战。曹操派遣大将张辽、关羽为前锋接战，结果打败了袁军，斩杀了颜良，于是解了白马之围。

二十四、势　战

【原文】

凡战，所谓势者，乘势也。因敌有破灭之势，则我从而迫之，其军必贵。法曰：因势而破之。

【译文】

凡是作战中所说的"势"，就是善于利用形势。趁着敌人内部已经露出崩溃的态势，则我方再施加军事压力，那么，敌人必定会溃败。兵法说：要利用有利态势去击破敌人。

【战例】

晋武帝[1]密有灭吴之计，而朝议多违，惟羊祜[2]、杜预[3]、张华[4]与帝意合。祜病，举预自代。及祜卒，拜预镇南大将军，都督荆州诸军事。既至镇，缮兵甲，耀威武，遂拣精锐，袭破吴西陵都督张政，乃启请伐吴之期。帝报待明年方欲大举。预上表曰："凡事当以利害相较，今此举十有八九之利，而其害一二，止于无功耳。朝臣言破败之形，亦不可得，直是计不出己，功不在身，各耻其前言之失，故违之耳。昔汉宣帝议赵充国[5]所上事效之后，责诸议者，皆叩头而谢，以塞异端也。自秋以来，讨贼之形颇露。若今中止，孙皓[6]怖而生计，或徙都武昌[7]，更添修江南诸城，远其居人，城不可攻，野无所掠，积大船于夏口[8]，则明年之计或无所及矣。"时帝与张华围棋，而预表适至，华推枰[9]敛手[10]曰："陛下圣明神武，国富兵强，吴王淫虐，诛杀贤能，当今讨之，可不劳而定。"帝乃许之。预陈兵江陵，遣周旨、伍巢等率奇兵泛舟夜渡，以袭乐乡[11]，多张旗帜，起火巴山[12]，出于要害之地，以夺贼心，遂虏吴都督孙歆，既平上流，于是湘江以南，至于交、广[13]，吴之州郡，望风归附，预仗节宣诏而抚绥[14]之。时诸将会议，或曰："百年之寇，未易尽克。今大暑，水潦方降，疾疫将起，宜俟来冬，更为大举。"预曰：

"昔乐毅藉济西一战，以并强齐。今兵威已振，譬如破竹，数节之后，皆迎刃而解，无复着手处也。"遂指授群帅，径造秣陵[15]，所过城邑，莫不束手，遂平孙皓。

【注释】

〔1〕晋武帝：即司马炎。265年，他取代曹魏称帝，改国号为晋。
〔2〕羊祜：西晋大臣。字叔子，泰山南城（位于今山东费县西南）人。
〔3〕杜预：西晋大将，著名学者。字元凯，京兆杜陵（位于今陕西西安东南）人。
〔4〕张华：西晋大臣。字茂先，范阳方城（位于今河北固安南）人。
〔5〕赵充国：西汉大将。字翁孙，陇西上邦（位于甘肃天水西南）人。
〔6〕孙皓：三国吴最后一个皇帝。他专横暴虐，奢侈荒淫。后投降西晋。
〔7〕武昌：吴江夏郡治所，位于今湖北鄂城。
〔8〕夏口：古地名。位于今湖北武汉东南。
〔9〕枰（píng）：棋盘。
〔10〕敛手：拱手。表示恭敬的动作。
〔11〕乐乡：地名。位于今湖北江陵西南。
〔12〕巴山：山名。位于今湖北宜都东南的长江东岸。
〔13〕交、广：今广东、广西地区。
〔14〕抚绥：抚慰安定。
〔15〕秣陵：即建业。

【译文】

晋武帝司马炎暗中策划消灭吴国的计划，可是朝中大臣某些议论与此不相吻合，惟有羊祜、杜预、张华的看法和武帝相同。羊祜病重，推荐杜预代替自己。等到羊祜病死，就拜杜预为镇南将军，负责荆州府的军事大计。杜预到任后，整修装备，训练士兵以显示威武，并且整编而成能打仗的精锐队伍，作好进攻吴国的一切准备。又突然发动进攻，打败了吴西陵都督张政，又请示发兵攻吴的日期。武帝告知明年再大举进攻。杜预上表说："凡是国家大事应当从利害关系出发，进行相互比较。如果目前出兵有十分之八九的胜利把握，而不利方面只有一二而已；要是停止不动，那就毫无胜利可言了。至于朝中大臣有的认为我军可能被打败，则这种估计是毫无根据的，因为他们没有参与决策，攻劳与成绩都与己无关，他们还都没有忘记曾经讲过错话，因而这次又故意说不行。从前西汉宣帝评论赵充国的意见书时，经过反复比较之后，批扫了那些参与评议的人，而评议者都行礼做了检讨，这是为了堵住那些发怪论的人的口。从入秋以来，攻吴的大好形势已经

羊　祜

百战奇略

存在，假若现在停下来，吴主孙皓怕被伐而被迫定计，或是迁都武昌，加固江南城防工事，远离居民分兵防守，则城池不易攻破，野外也没有物资可以掠夺。如果吴国把大船集中于夏口，则明年的攻吴计划，便要化为泡影了。"当时武帝和张华正在下棋，适逢杜预的意见书也刚刚送到。张华推开棋盘拱手说："陛下英明伟大又通达武事，国家殷富，兵力强大。吴王孙皓过于暴虐，迫害贤人，应当立刻出兵进行讨伐，不费多大力就可以打败

杜 预

他。"晋武帝同意了。杜预立刻把兵力集中在江陵，派周旨、伍巢率领一支奇袭部队，于夜晚乘船出发，偷袭乐乡。又设置许多旗帜，并在巴山放火，到处攻占重要地区，从心理上瓦解敌人斗志，在战斗中又斩杀了吴都督孙歆。长江上游已被平定，于是从湘江以南到交、广二州，以及吴国其他州郡，都闻风投降。杜预在这些地方散发与张贴以武帝名义颁布的安民告示，做好安抚工作。这时召集将领开会。有人说："敌国已有百年根基，不易一举击灭。如今正是暑天，山洪到来，传染病也将蔓延，应当等到来年冬季，再大举进攻。"杜预说："过去东周时候燕国的乐毅由于济西一战，吞并了强齐。目前我国军队所取得的胜利，已使敌人震慑，现在好像用利刀劈竹，等到劈破几节，其余迎刃而解，不用再使多大劲了。"当即向部下讲明对策，大军直趋秣陵，所过城邑，未遇任何抵抗，很快平定了吴国。

二十五、昼 战

【原文】

　　凡与敌昼战，须多设旌旗，以为疑兵，使敌莫能测其众寡则胜。法曰：昼战多旌旗。

【译文】

　　凡是与敌人在白天作战，必须多设置旌旗，以此作为疑兵，用来迷惑敌人，使敌人无法弄清我军的实力，这样就可以取得胜利。兵法说：白天作战要多设旌旗。

【战例】

　　春秋，晋侯伐齐，齐侯[1]登山以望晋师。晋人使斥[2]山泽之险，虽所不至，必旆[3]而疏陈之，使乘车者左实右伪，以旆先，舆曳柴而从之。齐侯见之，畏其众也，遂逃归。

【注释】

〔1〕齐侯：指齐灵公，齐桓公曾孙。

〔2〕斥：谓侦察，探测。

〔3〕旆：大旗。

【译文】

春秋时，晋侯率领大军进攻齐国。齐侯登上山顶观察晋国军队。晋军派出侦探，凡山水等险要之处无所不到，许多军队不设防的地方都要多多少少设置一些旌旗，战车也是左边乘人，右边虚设旗帜，用大旗为先导，战车后边拖着木柴急驶。齐侯一见，害怕晋军人多势众，便逃回去了。

二十六、夜　战

【原文】

凡与敌夜战，须多用火鼓，所以变乱敌之耳目，使其不知所以备我之计，则胜。法曰：夜战多火鼓。

【译文】

凡是在夜里和敌人作战，必须多使用火光和战鼓，以扰乱敌人的耳目，使他们不知如何防备，难以查清我方意图，我们才能取胜。兵法说：夜间作战要利用火光和鼓声。

【战例】

春秋，越伐吴。吴子[1]御之笠泽[2]，夹水而阵。越为左右两军，乘夜，或左或右，鼓噪而进，吴兵分以御之。越子率中军潜涉[3]，当吴中军而鼓之，吴师大乱，遂败之。

【注释】

〔1〕吴子：指吴王夫差。

〔2〕笠泽：太湖一小湖，在今吴江县镜。

〔3〕越子：即越王勾践。

【译文】

春秋时期，越国攻打吴国。吴国在笠泽进行防御。双方在两岸摆开阵势。越军兵分两路，趁黑夜，一会儿从左路前进，鼓声震天，一会儿从右路大声喧闹。吴军只好也分两队人马予以反击。越王却率三军从中间偷渡，进至吴军的中军，擂鼓冲杀，吴军混乱不堪，大败而去。

二十七、备　战

【原文】

　　凡出师征讨，行则备其邀截，止则御其掩袭，营则防其偷盗，风则恐其火攻。若此设备，有胜而无败。法曰：有备不败。

【译文】

　　凡出兵征战讨伐，在行军时要防备敌人中途拦截；停止时要防备敌人突然袭击；宿营时要防备敌人偷营；刮风时要防备敌人火攻。如果能这样处处充分戒备，就会有胜而无败。兵法说：有了戒备就能立于不败之地。

【战例】

　　三国，魏大将吴鳞征南，兵到精湖。魏将满宠[1]帅诸将在前，与敌夹水相对。宠谓诸将曰："今夕风甚猛，敌必来烧营，宜为之备。"诸军皆警。夜半，敌果遣十部来烧营，宠掩击，大破之。

【注释】

　　〔1〕满宠：三国时魏将。字伯字，昌邑人。跟随曹操征战，屡立战功。

【译文】

　　三国时，魏国大将吴鳞南征，军队到了精湖（今江苏高邮湖）地方。魏国将军满宠率领各将领作为先头部队同敌军隔水对抗。满宠对各将领说："今晚风很猛，敌人必然要来烧我营寨，应该严加防备。"魏各军营都加倍警戒。半夜，敌人果然派遣十个小部队来放火烧营，满宠率军突然发动袭击，把敌人打得大败而去。

二十八、粮 战

【原文】

凡与敌对垒胜负未决，有粮则胜。若我之粮道，必须严加守护，恐为敌人所抄。若敌人饷道，可分遣锐兵以绝之。敌既无粮，其兵必走，击之则胜。法曰：军无粮食则亡。

【译文】

凡是和敌人相持、胜败未分的情况下，谁有粮食谁就能取胜。因此，对我方的运粮道路，必须派兵严加护卫，以防敌抄掠截断；而对敌人的粮饷运输线，则要派遣精兵将其截断。敌人没有粮食就必然逃走；我军乘势发起攻击，就能取得胜利。兵法说：军队没有粮食，作战就要失败。

【战例】

汉末，曹操与袁绍相持于官渡，袁遣军粮使淳于琼等五人将兵万余人送之，宿绍营北四十里。绍谋臣许攸[1]贪财，绍不能用，奔归操，因说操曰："今袁绍有辎重万余乘，而乏严备，今以轻兵袭之，燔[2]其积聚[3]，不过三日，袁氏自败矣。"操乃留曹洪守，自将步骑五千人，皆用袁军旗帜，衔枚[4]缚马口，夜从间道出，人负束薪，所历道有问者，语之曰："袁公恐操抄掠后军，遣兵以益备。"闻者信以为然，皆自若。既至，围屯，大放火，营中大乱，大败之，绍弃甲而遁。

【注释】

〔1〕许攸：东汉南阳（今属河南）人，字子远。初随袁绍，后降曹操。
〔2〕燔(fán)：焚烧。
〔3〕积聚：这里指袁绍屯积的军用粮草物资。
〔4〕衔枚：古代，军队在偷袭之时，常令士卒衔枚于口中，以防喧哗惊动敌人。

【译文】

东汉末，曹操和袁绍在官渡对抗，袁绍派军粮使淳于琼等五人押运粮草，并有将士一万多人护送，当晚在袁绍驻扎地区以北四十里处宿营。袁绍的谋臣许攸为人贪财，袁绍不能满足他的私欲，就偷跑到曹营去了。他向曹操说："目前袁绍还有军需车一万多辆，而部队却不严密戒备，如果派轻兵偷袭，烧掉他们的粮草物资，用不了三天，袁绍必定大败而去。"曹操听后就让曹洪代他守营，亲率步、骑五千余人，打着袁绍的旗号，士兵口里衔枚，马嘴用绳子捆住，乘夜走小道，每人背一捆柴草，在路上如果有人问，就回答说："袁公恐怕曹军偷袭后方，特派前来加强戒备。"听者都信以为真，毫不恐慌。等到达目的地就立刻包围放火，袁军兵营大乱，被打得大败。袁绍把全部军需都扔掉，仓皇逃命而去。

二十九、导　战

【原文】

凡与敌战，山川之夷险，道路之迂曲，必用乡人引而导之，乃知其利，而战则胜。法曰：不用乡导者，不能得地利[1]。

【注释】

〔1〕兵法原文见《孙子·九地篇》。

【译文】

凡是对敌作战，山川的险易，道路的曲折，必须使用熟悉当地情况人士作为向导，才能掌握有利地形，而取得胜利。兵法说：不用熟悉当地情况人士做向导的，就不能得地利。

【战例】

汉武帝时，匈奴比岁[1]入寇，所杀掠甚众。元朔五年春，令卫青[2]将三万骑出塞，匈奴右贤王以为汉兵不能至此，遂醉卧帐中。汉兵夜至，围右贤王，虏大惊，独与爱妾一人、骑兵数百，溃围夜逃北去。汉遣轻骑校尉郭成等追四百里弗及，得虏王十余人，男女万五千余口，畜数十万。于是，青率兵而还。至塞，天子使使者持大将军印，即军中拜青为大将军，诸将皆以兵属，立号而归，皆用校尉。张骞[3]以尝使大夏，留匈奴久，导军，善知水草处，军得以无饥渴之患。

【注释】

〔1〕比岁：年年，连年。
〔2〕卫青：西汉名将。汉武帝卫皇后之弟，官至大将军，多次率兵打败匈奴。
〔3〕张骞：西汉杰出的外交家，曾奉命两次出使西域。

【译文】

汉武帝时，匈奴连年入侵内地，杀人抢掠，有增无已。元朔五年（前124）春天，武帝派卫青率领三万骑兵出了边塞。匈奴国右贤王以为王庭远在塞外，汉兵从未到达，吃醉酒后，躺在帐中睡大觉。汉军乘夜奔袭，突然包围了王庭。右贤王惊慌失措，独自和爱妾一人，仅带壮骑数百突围北逃。汉军派轻骑校尉郭成等追击了四百余里，也没追上，俘虏其小王以下一万五千人，牧畜数十万头而归。回到边塞，汉武帝命特使手捧金印，拜卫青为大将军，专职掌管统兵

卫 青

征伐大权，给予封号后凯旋。有功的将领也都留任校尉之职。张骞曾经几次出使大夏，在匈奴的时间长了，作为向导，因为他们熟悉水草地形，所以大军往返从未遇到缺水断粮的困难。

三十、知　战

【原文】

　　凡兴兵伐敌，所战之地必预知之。师至之日，能使敌人如期而来，与战则胜。知战地，知战日，则所备者专，所守者固。法曰：知战之地，知战之日，则可千里而会战。

【译文】

　　凡是要出兵进攻敌人，一定预先探明战地。部队到达地点之后，还能牵制敌军按期自来，同敌人交战定能取胜。这是因为事先知道了作战地点和时间，就能集中力量等待敌人，才能进行坚固的防御。兵法说：只要预先知道了作战的具体时间和地方，就可以转战千里进行大的会战。

【战例】

　　战国，魏与赵攻韩，韩告急于齐。齐用田忌将而往[1]，直走大梁。魏将庞涓闻之[2]，去韩而归。齐孙膑谓田忌曰[3]："彼三晋之兵素悍勇而轻齐[4]，齐号为怯；善战者因其势而利导之。兵法：百里而趋利者，蹶上将；五十里而趋利者，军半至。使齐军入魏地为十万灶，明日为五万灶，又明日为三万灶。"涓追三日，大喜曰："我固知齐军怯，入吾地三日，士卒

亡者过半矣。"乃弃其步军，与精锐亲兵，倍道兼行逐之。孙膑度其行，暮当至马陵，道狭而旁多阻隘，可伏兵。乃斫大木，白而书之曰："庞涓死此树下"。于是令齐军善射者万弩夹道而伏。涓追至，见白书，乃钻火烛之，读其书未毕，齐军万弩齐发，魏军大乱。涓自知智穷兵败，乃自刎。

【注释】

〔1〕田忌：战国初期齐国将军。

〔2〕庞涓（？—前342）：战国时魏国将领。早年曾与孙膑同学兵法。

〔3〕孙膑：战国时军事家。齐国阿（今山东阳谷东北）人。孙膑因受庞涓暗害，被处膑刑，故称孙膑。后由田忌推荐为齐军师，两次大败庞涓。

〔4〕三晋：指晋分为韩、赵、魏三国。

【译文】

战国时期，魏国同赵国联兵攻打韩国，韩国急忙向齐国求救，齐国便派田忌率兵援救韩国，直接向魏国首都大梁进军。魏国大将庞涓听到这个消息后，立即撤兵回国。齐国军师孙膑对田忌说："魏军一向作战勇猛，骄傲轻敌，认为我们怯弱，非常瞧不起我军。善于用兵的将军就应利用这一形势而采取作战策略。兵法上说：行军一百多里同敌军夺利，就会使上将受挫；行军五十里同敌人争利，军队也只能有半数赶到作战地点。所以，我们应该

孙　膑

在进入魏境后第一天垒十万个灶台，第二天则减少到五万座，第三天只垒上三万座。"庞涓沿路追赶齐兵三天，看到灶台日益减少，高兴地说："我早听说齐军胆小怕战，还不过三天，士兵就逃了一大半。"于是庞涓丢下步兵，只率领一些精锐的亲兵，日夜兼程追击齐军。孙膑根据魏军的行军速度，推测他们傍晚会到达马陵。马陵附近道路陕窄，地势险要，两边是悬崖峭壁，是埋伏部队的好地方。就让士兵在一棵大树上剥皮刻字，写道："庞涓死于此树下！"命令一万多名弓箭手在马陵道两边设下埋伏。庞涓追到马陵，发现树上的字迹，便叫人点火看字，还没读完，齐军万箭齐发，魏军乱成一团。庞涓深知自己智穷力竭，自知败局已定，愤愧自杀而亡。

三十一、斥　战

【原文】

凡行兵之法，斥堠为先。平易用骑，险阻用步。每五人为甲，人持一白旗，远则军前后左右接续候望。若见贼兵，以次传近告白主将，令众预为之备。法曰：以虞待不虞者，胜。

【译文】

凡是行军作战的法则，是以侦察敌情为先务。平坦开阔地域使用骑兵侦察，险要狭隘地域使用步兵侦察。每五个侦察兵编为一甲，每人手持一面白旗，远离大军而对前后左右方向实施反复侦察。如果发现敌情，就由远及近地报告情况给部队主将，主将下令部队预先做好应敌准备。兵法说：有战备的部队等待打击无战备的敌人，一定胜利。

【战例】

汉宣帝时，先零诸羌叛，犯边塞，攻城邑，杀长吏。时后将军赵充国，年七十余，上老之，使问："谁可将者？"充国曰："百闻不如一见，兵难预度，臣愿驰至金城，图上方略。然羌戎小夷，逆天背叛，灭亡不久，愿陛下属之老臣，勿以为忧。"上笑曰："诺。"充国至金城，领兵满万骑，欲渡河，恐为羌所遮，即夜遣三校，衔枚先渡，渡辄营阵。会明，遂以次尽渡。羌数十百骑来，出入军傍。充国曰："吾士马新至，困倦，不可驰逐。此皆骁骑难制，又恐为其诱兵也。击羌以殄灭[1]为期，小利不足贪。"令军中勿击。遣骑候望，四望峡中无羌。夜半，兵至落都，召诸校、司马谓曰："吾知羌戎不能为矣。使彼发数千人杜守[2]四望峡中，众兵岂得入来？"充国常以远斥候为务，行必为战备，止必坚营壁，尤能持重，爱士卒，先计[3]而后战，遂平先零。

【注释】

〔1〕殄灭：歼灭，灭绝。
〔2〕杜守：严密防守。杜，通"堵"。
〔3〕先计：事先作好计划、计谋。

【译文】

　　西汉宣帝时，先零羌族人等部发动叛乱，进犯边塞，攻打城镇，杀害官吏。此时，西汉后将军赵充国已经七十多岁了，宣帝认为他年纪老了，便派御史大夫丙吉征询他的意见，看谁可以率兵前往平息叛乱，赵充国回答说："百闻不如亲眼一见。战争的态势是难以在远离前线的地方估计的，我愿意立即飞驰赶到金城前线，据实地以绘制军事地图，依敌情而拟定攻讨方略，一并上报陛下。但是，先零羌是个小部族，它违背天意而发动叛乱，不要多久就会失败。希望陛下把平叛的任

汉宣帝

务交给我，请不要为此事担忧。"宣帝听了使者汇报后非常高兴，笑着说："好！"赵充国奉命到达金城，等到集结了万名骑兵以后，将要渡河，但又怕被羌兵阻遏截击，因此就在夜间派遣三营部队悄悄首先渡过黄河，渡河之后立即安营布阵。等到天明时候，部队依次全部渡过了黄河。羌人派几百名骑兵到来，在附近窥测。赵充国对将士说："我们的人马刚到，因疲倦不能出击追逐羌兵。这些羌兵都是一下难以战胜的骁勇骑兵，且又怕他们是引人上钩的诱兵。凡是同羌人作战，要打就打歼灭战，不要光注意小的胜利。"于是，他下令汉军不得随意出击。其后，赵充国派遣骑兵到四望狭进行侦察，没有发现敌兵，于是乘夜率军进至落都谷，召集将校指挥官，说："现在我才知道羌人是不会用兵的。假使他们派出数千兵扼守四望狭，我们的部队还怎么能进得来呢！"赵充国常常派员到远处侦察敌情，行军时特别加强戒备，驻扎时必定构筑坚固营垒。尤其难能可贵的是，他用兵谨慎持重，关心爱护士卒，每次都是先制定作战计划之后，再投入战斗，所以他把先零人的叛乱很快平定了。

三十二、泽 战

【原文】

　　凡出军行师，或遇沮泽、圮毁之地，宜倍道兼行速过，不可稽留也。若不得已，与不能出其地，道远日暮，宿师于其中，必就地形之环龟，其中高四下为圆营，四面当敌。一则防水潦之厄，一则备四周之寇。法曰：历沛历圮，坚舍环龟。

【译文】

　　凡是行军作战，可能会遇到低洼的沼泽地。应当加倍兼程行进，尽快通过，

不能在这些地方滞留。如果迫不得已或路远天黑走不出去，要在里面宿营，就必须按照地形呈龟壳状驻扎，形成中间高而四周环绕的圆形营，居高临下，可以四面抗击敌人。一方面可以防水淹，另一方面可以防备周围的敌人。兵法说：经过沼泽之地，要坚守成环龟形状。

【战例】

唐调露[1]元年，突厥阿史德温傅反，诏礼部尚书、检校右卫大将军裴行俭[2]为定襄道行军大总管讨之。军次[3]单于[4]界北，暮已立营，堑壕既周，行俭更命徙营高冈。吏曰："吏士安堵，不可扰。"不听，徙之。比夜，风雨雷霆暴至，前设营所，水深丈余，众莫不骇叹，因问何以知风雨也，行俭笑曰："自今但依我节制，毋问我所由知也。"

【注释】

〔1〕唐调露：调露，即唐高宗李治的年号。
〔2〕裴行俭（619—682）：唐朝官吏。字守约，绛州闻喜（今山西闻喜东北）人。
〔3〕次：停留；驻扎。
〔4〕单于：指唐时的云中都护府置，治所在云中古城（今内蒙古和林格尔西北）。

【译文】

唐朝调露元年(679)，东突厥阿史德温傅叛乱，朝廷命礼部尚书右卫大将军裴行俭为定襄道行军大总管前往征讨。军队开到单于的边境北边，到黄昏时营帐已立好，四周挖好了堑壕。裴行俭却命令将营帐迁往高岗上。一个官佐建议说："将士刚安睡，不宜再打扰他们。"裴行俭不听，仍然迁移了营帐。等到深夜，电闪雷鸣，狂风暴雨突起，迁移前扎营的地方，水深有一丈有余，部众无不惊叹称幸。因此问裴行俭怎么知道天要刮风下雨，裴行俭笑着说："从今以后只管听我调遣，不必问我为什么知道要这样做。"

三十三、争 战

【原文】

凡与敌战，若有形势便利之处，宜争先据之，以战则胜。若敌人先至，我不可攻，候其有变则击之，乃利。法曰：争地勿攻。

　　凡是对敌作战，如果遇到有利的地形，就应该抢先占领，以保证战斗胜利。如果这样的地形敌军已经占据，我方就不能贸然进攻对方，等待敌情发生变化后再发动攻击，变不利为有利。兵法说：敌我双方都争占地利，如果敌军占据了有利的地形，就不要强攻。

【战例】

　　三国魏青龙二年，蜀将诸葛亮出斜谷，并田于兰坑。是时，魏将司马懿屯渭南，郭淮[1]策亮必争北原，宜先据之，议者多谓不然。淮曰："若亮跨渭登原，连兵北山，隔绝陇道，摇荡民心，此非国之利也。"懿善之，淮遂屯北原。堑垒未成。蜀兵大至，淮遂逆击之。后数日，亮盛兵西行，淮将皆以为欲攻西围[2]，淮独以亮见形于西，欲使兵众应之，必攻东耳。其夜，果攻阳遂，有备不败。

【注释】

　　〔1〕郭淮：魏司马懿部将，时任雍州刺史。
　　〔2〕西围：指魏军营垒。

【译文】

　　三国魏明帝青龙二年，蜀军在诸葛亮的指挥下从斜谷攻伐魏国。魏国的司马懿带兵屯守在渭河南岸。魏将郭淮推测诸葛亮必定去夺取渭河南岸的北原，便建议抢先占领那里，许多人都不以为然。郭淮说："假若诸葛亮渡过渭水进入平原，依靠北山把陇道截断，必使民心不安，对整个国家非常不利。"司马懿批准了郭淮的建议。于是，郭淮派兵进驻北原，还没有修好营寨，蜀国大批部队都到了这里，郭淮依靠有利地形击退了蜀军。过了几天，诸葛亮

诸葛亮

大张旗鼓地向西部调集兵力，魏军其余部将认为诸葛亮要进攻西部地区，只有郭淮看出诸葛亮用的声东击西之计，实际是诱使魏军调往西部，而去偷袭东边的阳遂。夜里，果然如郭淮所料，因为魏军已作了充分准备，所以没有受到任何损失。

三十四、地 战

【原文】

　　凡与敌战，三军必要得其地利，则可以寡敌众，以弱胜强。所谓知敌之可击，知吾卒之可以击，而不知地利，胜之半也。此言既知彼，又知己，但不得地利之助，则亦不能全胜。法曰：天时不如地利。

【译文】

　　凡是对敌作战，部队必须占据有利地形，这样就能以少胜多，以弱胜强。这就是说，知道敌人可以攻击，也知道自己的兵士可以进行攻击，但不知道利用有利地形，胜利的把握只能有一半；这是因为既知敌情又知己情，但得不到地形的帮助，那么仍然不能全胜。兵法说：得天时不如得地利。

【战例】

　　晋安帝讨南燕[1]。慕容超召群臣议拒晋师。公孙五楼曰："晋师劲果，所利在速战，初锋勇锐，不可击也；宜据大岘[2]，使不得入。旷日延时，沮其锐气。可徐拣精兵二千骑，循海而南，绝其粮道；别遣段晖率诸州之军，缘山东下，腹背击之，此上策也。各命守者依险自固，较其资储之外，余悉焚荡，芟除粟苗，使敌人来无所资，坚壁清野，以待其衅，中策也。纵贼入岘，出城迎战，下策也。"超曰："京都富盛，户口众多，非可以一时入守；青苗布野，非可以猝芟；设使芟苗守城，以全性命，朕所不能。据五州之强，带山河之固，战车万乘，铁马万群，纵令过岘，至于平地，徐以精骑蹂之，必成擒也。"慕容镇曰："若如圣旨，必须平原十里而军。军垒成，用马为便。宜出岘，逆战而不胜，犹可退守。不宜纵敌入岘，自贻窘迫。昔成安君不守井陉之险[3]，终屈于韩信；诸葛瞻不守剑阁之险[4]，卒擒于邓艾[5]。臣以天时不如地利也，阻守大岘，策之上也。"超又不从。命摄莒、梁父二戍修城隍，拣士马，蓄锐以待之。其夏，晋师已东克，超遣其左军段晖等步骑五万，进据临朐。俄而晋师渡岘，慕容超惧，率兵四万就段晖等。于临朐战败，超奔广固，数日而拔，燕地悉平。

【注释】
〔1〕南燕：古代国名。晋时十六国之一。慕容德建立，后被晋所灭。
〔2〕大岘：山名，即大岘山，在山东临朐县东南一带。
〔3〕成安君：即陈余。
〔4〕诸葛瞻(227—263)：三国时蜀汉将领。字思远，诸葛亮之子。
〔5〕邓艾：三国时魏国大将。义阳棘阳(今河南新野东北)人。

【译文】
　　晋安帝进攻南燕时，南燕慕容超召集群臣计议抵抗晋军的办法。公孙五楼说："晋军强大，利在速战，刚来时的士气勇猛锋锐，不能攻击，宜于据守大岘山，使晋军不能进来，拖延时间，以挫其锐气。然后从容挑选精锐的骑兵两千，沿大岘山向南，切断晋军的粮道；再派段晖率领各州军队，沿大岘山东下，腹背夹击晋军，这是上策。命令守军依托险阻地形各自固守，除必要的钱粮储备之外，其余的全部焚毁，铲除青苗，使敌人来后什么也得不到，实行坚壁清野，以等待敌人发生破绽，再乘机进攻，这是中策。放敌兵进入大岘山，我军再出城逆战。这是下策。"慕容超说："京都物资丰富，人口众多，很难立即转入战时防御；青苗遍野，一时也难以铲除；即使能铲除青苗，固守城池而得以保全性命，我也不能答应。我占据着五州的强地，控制着山河的险固，有战车万乘，铁骑万群，纵使晋军过岘山来到平地，我以精兵徐徐攻击，也必定能全部俘获他。"慕容镇说："如果按照您的旨意办，必须有平原地带十里以上扎营，营垒建成后，使用骑兵比较方便。因此，最好能前出至大岘山以外，这样即使在迎战时不能取胜，也可以退守。不可将敌放进大岘山，给自己造成极为不利的局面。过去赵成安君不守井陉之险，终于被韩信所屈服；诸葛瞻不守剑阁之险，终于被邓艾所擒获。臣以为天时不如地利。据守大岘山，确实是上策。"慕容超又不听从，并命令摄莒、梁父二军修筑城墙和护城河，挑选官兵和战马，养精蓄锐等候晋军。那年夏天，晋军攻破东面，慕容超派遣左军段晖等步骑兵五万进驻临朐。不久，晋军通过了大岘山，慕容超十分恐慌，忙率兵五万向段晖部队靠拢，在临朐战败。慕容超逃奔广固固守，不几天也被晋军攻破。南燕终于全部被晋军扫平。

百战奇略

三十五、山　战

　　凡与敌战，或居山林，或居平陆，须居高阜。恃于形势，顺于击刺，便于奔冲，以战则胜。法曰：山上之战，不仰其高。

【译文】

　　凡是对敌作战，无论是在山林地带，还是在平原旷野，都必须占据制高点，凭借此种居高临下的有利地势，便于兵器击刺杀敌，利于部队冲锋陷阵，以此对敌作战就能取得胜利。兵法说：在山陵地带作战，不要仰攻高处之敌。

【战例】

　　战国，秦伐韩。韩乞军于赵，王召廉颇[1]而问曰："可救否？"曰："道远路狭，难救。"又召乐乘[2]而问曰："可救否？"曰："道路狭，难救。"又召乐乘而问，乐乘对如颇言。又召赵奢[3]问，奢曰："道远险狭，譬如两鼠斗于穴中，将勇者胜。"王乃令奢将兵救之。去赵国都三十里，垒而不进。令军中曰："有以军事谏者死。"秦军武安。有一人谏，奢立斩之。坚壁留二十八日不行，复益增垒。秦间来入，赵奢善食而遣之。间以报秦将，秦将大喜，曰："夫去国三十里，而军不行，乃增垒，非赵地也。"赵奢既遣秦间，乃卷甲而趋之，二日一夜至。秦闻之，悉甲而至。军士许历请入谏，赵奢内之。许历曰："秦人不意赵师至此，其来气势盛，将军必厚集其阵以待之，不然必败。"奢曰："请受教！"历曰："请受刑！"奢曰："须后令至邯郸。"历复请曰："先据北山者胜，后至者败。"赵奢曰："诺。"即发万人趋之。秦兵后至，争山不得上，奢纵兵击之，大破秦兵，遂解其围。

【注释】

〔1〕廉颇：战国时赵国名将。屡次战胜齐、魏、燕等国，任相国，封信平君。

〔2〕乐乘：燕将乐毅的族人，后封武襄君。

〔3〕赵奢：战国时赵国名将。因在阏与（今山西和顺）大败秦军，封马服君。

【译文】

　　战国时期，秦国进攻韩国，韩国向赵国求援。赵惠文王召见大将廉颇，问道："可不可以前去援救韩国？"廉颇回答说："因为道路遥远艰险，实在不易救援。"赵王又召见乐乘来问："可不可以前去援救？"乐乘所答与廉颇一样。赵王又召见赵奢询问，赵奢回答说："虽然道路遥远艰险，但在这种地方作战恰似两只老鼠争斗在洞穴中，将是勇敢者获胜。"赵惠文王于是任命赵奢为将前往援救韩国。赵奢率军离开国都邯郸三十里处，就扎下营盘不再前进了，并且命令部队说："有谁敢为军事问题进谏的就处以死刑。"秦国军队进驻于武安西，赵军有一人建议火速去救武安，赵奢立即把他杀掉了。赵奢率军坚守营垒二十八天不行动，而且再次增筑营垒。秦军派遣间谍进入赵军驻地侦察，赵奢捉住后以好饭食进行招待并把他放走。间谍回去后把所看到的赵军增垒不进的情况报告给秦军将领，秦将非常高兴，说道："赵军离开国都三十里就停止不再前进，并且一再增修营垒。这样看来，阏与将不是赵国的土地了。"赵奢放走秦军间谍以后，立即下令部队卸去盔甲而快速前进，两天一夜赶到了前线，命令善长射箭的士卒都到距阏与五十里的地方驻扎下来。营垒筑成后，秦军听到了这个消息，全军急忙赶来迎战。这时，军士许历为军事问题请求进言，赵奢让他进入帐中。许历说："秦军意想不到赵军会突然来到这里，但他们迎战的来势很猛，将军您必须集中兵力加强阵地以等待他们进攻。不然的话，一定会失败的。"赵奢说："我愿意接受你的赐教。"许历说："我请求接受您的刑罚。"赵奢说："等回到邯郸后再听候命令吧。"许历于是进一步献策说："谁先占领北山谁就胜利，谁后到达那里谁就失败。"赵奢听后采纳其建议说："那好吧。"随即发兵一万迅速抢先占领了北山制高点。秦军到后，夺不下山头，赵奢乘势挥军反攻，把秦军打得大败而逃，从而解除了阏与之围。

三十六、谷　战

【原文】

　　凡行军越过山险而阵，必依附山谷，一则利水草，一则附险固，以战则胜。法曰：绝山依谷。

【译文】

　　凡是行军作战，越过高山险阻而布阵时，必须依山傍谷，一则便于取水草，二则有险固地形可作依托，这样，战就能胜。兵法说：在山险处作战要靠山近谷。

后汉将马援[1]为陇西太守，参降羌[2]与塞外诸种为寇，杀长吏。援将四千余人击之，至氐道县。羌在山上，援军据便地，夺其水草，不与战，羌遂穷困，羌帅数十万户亡出塞外，诸种万余人悉降。羌不知依谷之利，而取败焉。

【注释】

〔1〕马援（前14—49）：东汉初期著名将领。右扶风茂陵（今陕西兴平东北）人。

〔2〕参降羌：汉代时羌族的一支，主要分布于武都郡（今甘肃武都一带）。

【译文】

马援

后汉将领马援为陇西太守时，参降羌又与塞外诸族勾结作乱为寇，杀了长吏。马援带四千余人，追击至氐(dī)道县境。羌兵先抢占了山头，马援军占据山谷边的便道把兵力展开，切断了羌人的水草。羌兵很快便处于穷途困乏的境地，数十万羌军逃出塞外，其他种族边民万余人前来投降。这是羌兵不懂得靠近平原谷口可以取得水草的好处，终于自取失败。

三十七、攻　战

【原文】

凡战，所谓攻者，知彼者也。知彼有可破之理，则出兵以攻之，无有不胜。法曰：可胜者，攻也。

【译文】

凡是作战，所谓的进攻一方，都是了解了敌军可以被打败的因素。知道敌军的许多致命弱点，因而发起进攻，没有不稳操胜券打胜仗的。兵法说：能够战胜敌军时，就要发动进攻。

【战例】

三国，魏曹操遣朱光为庐江太守，屯皖。大开稻田，又令间人招诱鄱阳贼帅，使作内应。吴将吕蒙曰："皖田肥美，若一收熟，彼众必增；如是数岁，操难制矣，宜早除之。"乃具陈其状。于是孙权亲征，一朝夜至。问诸将计策，诸将皆劝作高垒。治垒必历日乃成。蒙曰："彼城备已修，外救必至，不可图也。且乘雨水以入，若淹留数日，必须尽还；还道艰难，蒙窃危之。今观此城不甚固，以三军锐气，四面攻之，不移时可拔，及水未涨而归，全胜之术也。"吴主权从之。蒙乃荐甘宁为外城都督[1]，率兵攻其前，蒙以精锐继之。侵晨进攻，蒙手执枹鼓，士卒皆腾踊自升，食时破之。既而张辽至夹石，闻城已拔，乃退。权加蒙功，即拜庐江太守。

【注释】

〔1〕甘宁：三国时吴国将领，字兴霸，巴郡临江（今四川忠县）人。

【译文】

三国时候，魏国曹操任命朱光为庐江太守，驻扎在皖城。朱光让士兵开垦荒地，广种稻子，又派间谍专门联络鄱阳湖农民反吴首领，请他们作为内应。东吴大将吕蒙对孙权说："皖城现在良田成片，如果一季丰收，屯粮充裕，魏就会扩充军队，不要几年，曹操就不易对付了，不如早点杀了朱光。"又详细分析了目前的战争形势，孙权便决定亲自率兵讨伐朱光。行军一天，夜里便到达皖城近郊。孙权问部下询问对策，众将都建议筑一高墙与敌军对抗，唯独吕蒙说："我军筑垒要用几天时间，但是敌人的城防正在加固，外边增援部队也可能赶到，我们很难破城。而且我军是趁雨天来的，再迟误几天，回去的路更是泥泞不堪，撤退就很难了，这是非常危险的。我看皖城并不坚固，而且我军目前士气高涨，包围此城，不需多久就能攻下，然后趁水位还未涨，立即撤回，这才是取得全胜的最好计谋啊。"孙权赞同吕蒙的建议。吕蒙举荐甘宁任攻城指挥官，带兵先攻。随后吕蒙又率精锐部队做后备。清晨便发动攻击，吕蒙亲自擂鼓发号，士兵奋勇争先，到吃早饭时间已经攻下了皖城。张辽带魏军增援部队到达夹石，听说皖城失守，就仓皇退走。孙权论功嘉奖吕蒙，并提升他为庐江太守。

吕 蒙

三十八、守 战

凡战，所谓守者，知己者也。知己未有可胜之理，我且固守；待敌可破之时，则出兵以击之，无有不胜。法曰：知不可胜者，守也。

【译文】

凡是作战，所谓防守者，是了解己方的战斗力。知道用进攻是打不赢敌人的，我就坚守不战；等到敌人出现可以被我战胜的条件时，就不失时机地出兵攻击它，是没有不胜利的。兵法说：了解到自己不能立即战胜敌人，就要采取防守作战方式。

【战例】

汉景帝时，吴、楚七国反，以周亚夫[1]为太尉[2]，东击吴、楚七国。因自请于上曰："楚兵剽轻[3]，难与争锋，愿以梁[4]委之，绝其食道，乃可制也。"上许之。亚夫率兵既会兵荥阳，吴方攻梁，梁急，请救于亚夫。亚夫率兵东北走昌邑，坚壁而守。梁王使使请亚夫，亚夫守便宜，不往救。梁上书于景帝，帝诏亚夫救梁。亚夫不奉诏，坚壁不出，而使弓高侯[5]等将轻骑，绝吴楚兵后食道。吴楚兵乏粮，饥欲退，数挑战，终不出。夜，亚夫军中惊乱，自相攻击至于帐下。亚夫坚卧不起，顷之自定。后吴奔壁东南陬[6]，亚夫使备西北。已而吴兵果奔西北，不得入。吴楚兵饥，乃引兵退。亚夫出精兵追击，大破之。吴王濞弃其军，与壮士数千人亡走，保于江南丹徒。汉兵因乘胜追击，尽虏之，降其郡县。亚夫下令曰："有得吴王者，赏千金。"月余，越人斩吴王首以告。凡相攻守三月，而吴楚悉平。

【注释】

〔1〕周亚夫：西汉名将。汉初大将周勃之子。因平灭七国叛乱而升任丞相。

〔2〕太尉：官名，全国最高的军事长官。

〔3〕剽（piào）轻：勇猛凶悍，行动迅速。

〔4〕梁：即梁国。西汉初所封诸侯国之一。

〔5〕弓高侯：即韩王信的儿子颓当。

〔6〕东南陬：东南角。陬，意同"隅"，角落。

【译文】

汉景帝时，吴楚七国叛乱，朝廷委任周亚夫为太尉，率军东征。周亚夫向朝廷建议说："楚军剽悍、矫捷，难以速胜，要放弃梁国，牵制敌军，并切断他们的运粮通道，那样就可以制服楚军了。"景帝同意了他的计策。亚夫率军到达楚国，要在荥阳会战。吴国正在进攻梁国，梁国危急，向亚夫求援。亚夫向东北进军占据昌邑之后，便坚守城堡不出；因为情况紧急，梁王派使者往请，

周亚夫

亚夫坚守要害之处，而不去救援。梁王上诉于景帝，景帝诏命亚夫出援，亚夫不听，仍然坚守不出；只派弓高侯等轻骑兵出击，截断吴楚军队运粮通道。吴楚军队粮食不继，士兵饥饿，屡次挑战，亚夫始终不应。一天夜里，亚夫军营发生骚动，自相火并，动乱扩及到中军帐旁，亚夫卧床不起，一会儿就平静下来。吴军攻击汉军东南角，亚夫命令部队加强西北戒备；一会儿，吴军主力果然向西北发起强攻，未能突破。吴楚联军缺粮，于是率军撤退。亚夫派主力乘机追击，大破吴楚联军。吴王刘濞扔下部队，仅带强壮士兵数千人乘夜逃窜，逃到了江南丹徒。汉军正好乘胜扩大战果，迅速追击，消灭全部楚军，郡、县也都降服。周亚夫因为未捉到吴王刘濞，发出命令说："有抓住吴王来献者，赏黄金千两。"过了个把月，越国人拿着吴王的首级前来报告。这次战争，从进兵到结束，只用了短短的三个月时间，而吴、楚的叛乱就完全平定了。

三十九、先　战

【原文】

凡与敌战，若敌人初来，阵势未定，行阵未整，先以兵急击之，则胜。法曰：先人有夺人之心。

【译文】

凡是对敌作战，如果敌军刚进入阵地，部署还未完成，队形也没整好，应当马上派出主力部队，进行攻击，这样定能获胜。兵法说：先发制人，可以一举粉碎敌人的原有企图。

【战例】

春秋，宋襄公[1]及楚人战于泓，宋人既成列，楚人未既济。司马子鱼[2]曰："彼众我寡，及其未既济，请击之。"公弗许。既济未成列，子鱼复请，公复未之许。及成列而战，宋师败绩。

【注释】

〔1〕宋襄公：春秋时宋国国君，名兹父。

〔2〕子鱼：即宋襄公庶兄公子目夷。

【译文】

春秋时，宋襄公和楚国在泓水作战。宋国军队的阵势已经部署完毕，可是楚军还没有过河。司马子鱼说："敌人多我人少，但是他们尚未渡河，请下令进攻。"宋襄公不允许。这时楚军已经过了河，但是还没有排好队形，司马子鱼再次向他请求进攻，宋襄公又不同意。等到楚军排好队形向宋军发起攻击，宋国的军队果然被打得大败。

四十、后　战

【原文】

凡战，敌人若行阵整而且锐，未可与战，宜坚壁待之。候其阵久气衰，起而击之，无有不胜。法曰：后于人以待其衰。

【译文】

凡是作战，如果敌人布阵严整，士气旺盛，就不能与他交战，应当坚持防守以等待时机。等到敌人列阵久了，士气衰弱了，再发起攻击，就没有不取胜的。兵法说：后发制人以等待敌军士气衰落。

【战例】

唐武德中，太宗[1]围王世充[2]于东都[3]。窦建德悉众来救[4]，太宗守武牢以拒之[5]。建德阵汜水东，弥亘数里，诸将皆有惧色。太宗数骑登高以望之，谓诸将曰："贼起山东，未见大敌。今渡险而嚣，是军无政令；迩城而阵者，有轻我之心也。我按兵不动，待彼气衰，阵久、卒饥，必将自退。退而击之，何往不克。"建德列阵自卯至午时，卒饥倦列望，又争饮水。太宗令宇文士及率三百骑[6]，经贼阵之西驰而南。诚曰:"贼若不动,止,宜退归;如觉其动,宜率东出。"士及才过,贼果动。太宗曰:"可击矣!"士及命骑将,建旗列阵,自武牢乘高入南山,循谷而东,以掩贼背。建德遽率其师却,止东原,未及整立,太宗轻骑击之,所向披靡。程咬金等众骑缠幡而入[7],直突出贼阵后,齐张旗帜,表里俱备,贼大溃,生擒建德。

【注释】

〔1〕太宗:即李世民(599—649),唐朝皇帝,李渊次子。

〔2〕王世充(?—621):字行满,新丰(今陕西临潼东北)人。

〔3〕东都:指洛阳。

〔4〕窦建德(573—621):隋末农民起义领袖。清河漳南(今河北故城东北)人。

〔5〕武牢:古关名。即虎牢关,又名古崤关。军事重地。

〔6〕宇文士及:唐秦王李世民的部将。代郡武川(今内蒙古武川)人。

〔7〕程咬金(?—665):唐初大将。初为瓦岗军,后归唐,任秦王府左三统军。

【译文】

唐高祖武德年间,太宗李世民将王世充包围在东都(今洛阳)。窦建德率领全部兵马前来援救,太宗坚守武牢关以抵御窦军。窦建德在汜水东面列阵,纵横长达数里,唐军将领看了都有些恐慌。太宗带几名骑兵登高观察,对诸将领说:"贼兵来自山东,没有遇到过强敌。现在他们渡河涉险时还吵吵闹闹,是军队政令不明的表现;靠着城池列阵,是因为有轻视我军的心理。我现在按兵不动,等他们士气松懈。列阵久了,士兵饥饿了,必然会自行撤退。敌军撤退时再进攻,还怕不能战胜他们吗?"窦建德从早晨列阵到中午,士兵又饿又累,都坐下来观望,既而又争先恐后喝水。唐太宗便命令宇文士及率领三百骑兵,经敌

唐太宗李世民

阵的西面驰向南。太宗并告诫说:"敌军如果不动就停下来,最好退回来;如果察觉到有动静,就率领部众向敌军攻击。"士及率领骑兵刚从敌阵西面经过,敌阵果然动了起来。太宗说:"可以攻击了!"于是命令骑兵将领树旗列阵,从武牢山上行进到南山,再沿着山谷向东,迂回偷袭敌军后部。窦建德率领队伍后退到东原,还没来得及整顿队伍,太宗的轻骑兵就向他发起了进攻。唐军所到之处,敌人都望风而逃,程咬金等率骑兵展开轮番冲锋,直接猛攻窦军的阵后,同时,展开旗帜,里外夹击,窦建德部众大败溃散。唐军活捉了窦建德。

四十一、奇 战

【原文】

凡战，所谓奇者，攻其无备，出其不意也。交战之际，惊前掩后，冲东击西，使敌莫知所备，如此则胜。法曰：敌虚则我必为奇。

【译文】

凡是作战，所谓奇，就是让敌人意料不到和无法防备。两军交战时，在前面威逼敌人，从后面偷袭敌人；向东冲击是为进攻西边，使敌人不知在何处设防。这样作战就可以取胜。兵法说：造成敌人无法防守的局面，我就必定要用奇兵。

【战例】

三国，魏景元四年，诏诸军征蜀，大将军司马昭[1]指授节度，使邓艾与蜀将姜维[2]相缀连于雍州，刺史诸葛绪邀维，令不得归。艾遣天水太守王颀等直攻维营，陇西太守牵弘邀其前，金城太守杨欣诣甘松。维闻钟会诸军已入汉中，退还。欣等蹑于强川口，大战，维败走。闻雍州已塞道，屯桥头，从孔函谷入北道，欲出雍州后。诸葛绪闻之，却还三十里。维入北道三十里，闻绪军却，还，从桥头过，绪趋截维，较一日不及。维遂东还守剑阁。钟会攻维未能克。艾上言：“今敌摧折，宜遂从阴平由邪径经汉中德阳亭趋涪，去剑阁西百里，去成都三百里。奇兵冲其腹心，剑阁之守必还，赴涪，则会方轨而进；剑阁之军不还，则应涪之兵寡矣。军志曰：‘攻其无备，出其不意。’今掩其空虚，破之必矣。”艾自阴平道，行无人之地七百余里。凿山通道，造作桥阁，山高谷深，而甚艰难；粮运将匮，频至危殆。艾以毡自裹，推转而下；将士皆攀木缘崖，鱼贯而进。至江油，蜀守将马邈降。蜀卫将军诸葛瞻自涪还绵竹，列阵待艾，艾遣子邓忠出其右，师纂出其左。忠、纂战不利，并退还，曰：“敌未可胜。”艾怒曰：“存亡之分，在此一举，何不可之有？”乃叱

忠、纂等，将斩之。忠、纂驰还，更战奋勇，大破之。斩瞻，
进军成都。刘禅^[3]遣使请降，遂灭蜀。

【注释】

〔1〕司马昭：司马懿之子。263年，发兵灭蜀汉，自称晋公，后封晋王。

〔2〕姜维：三国时蜀将。字伯约，天水冀县（今甘肃甘谷东）人。

〔3〕刘禅：三国时蜀汉后主。223—263年在位。字公嗣，小字阿斗，刘备之子。

【译文】

　　三国魏元帝景元四年(263)，元帝曹奂诏令各军进攻蜀国。大将军司马昭被任命为节度使。魏国将领邓艾与蜀汉将领姜维相对峙于雍州，刺史诸葛绪拦截姜维后军，截断了姜维的退路。邓艾又派遣天水太守王颀等人直接进攻姜维的营寨，派陇西太守牵弘率兵从正面进行钳制，派金城太守杨欣去甘松把守。姜维得悉魏国将领钟会的军队已进入汉中，便领兵退还。王颀等追击到强川口，与姜维大战一场，姜维败退。他得知去雍州的道路已被堵绝，便屯兵桥头，从孔函谷进入北道，想进到雍州后方。诸葛

姜　维

绪听到后，将军队后撤三十里。姜维进入北道三十里，得知诸葛绪军后撤，便又返回从桥头通过。诸葛绪出兵阻击姜维，因迟了一天未能赶上。姜维这才向东，退守剑阁。钟会进攻姜维，未能攻克。邓艾建议说："现在要挫败敌人，最好从阴平出发，走斜路，经德阳亭去涪城。这一地方在剑阁以西百里，成都以北三百里。以奇兵冲击敌军心腹之地，剑阁守军必然退回。援救涪城，那么钟会就可以大摇大摆前进；如果剑阁的守军不退回去，那么，援救涪城的兵就会廖廖无几。《军志》说：'进攻他所不戒备的地方，打他措手不及。'现在我军偷袭敌空虚的地方，必能打败他。"于是邓艾取道阴平，在荒无人迹之地跋涉七百余里。凿山开路，架阁为桥，一路上山高谷深，十分艰难；加上粮食供应不上，军兵几度面临绝境。邓艾用毛毡裹住自己，让人推滚至山下。将士们也都攀着树木，沿着悬崖，一个跟一个前进。军队到达江油后，蜀守将马邈投降。蜀卫将军诸葛瞻则由涪城退守绵竹，布成阵势，等待邓艾。邓艾派儿子邓忠从右翼进攻，派师纂从左翼进攻。邓忠、师纂作战失利，一起退回，说："敌军不可战胜。"邓艾大怒说："我军生死存亡全在此一举，为什么说不能打败敌人？"于是叱骂邓忠、师纂，并要杀掉他们。邓忠、师纂拔转马头重返前线，奋勇再战，大破蜀军，斩杀了诸葛瞻，大军一直攻入成都。蜀后主刘禅派人求降，从此蜀汉灭亡。

四十二、正 战

凡与敌战，若道路不能通，粮饷不能进，计谋不能诱，利害不能惑，须用正兵。正兵者，拣士卒，利器械，明赏罚，信号令，且战且前，则胜矣。法曰：非正兵，安能致远？

【译文】

凡是对敌作战，如果前进道路不能畅通，粮饷物资不能运进，施计不能诱敌上钩，所设利害不能迷惑敌人，就必须采用正兵战法。所谓正兵者，就是使用训练有素、武器精良、信赏明罚、号令严明的正规部队，采取边打边进、步步为营的正面进攻战法，这样作战就能取得胜利。兵法说：不发动正面突击，怎么能扩大战果？

【战例】

宋檀道济[1]为高祖[2]北伐前锋，至洛阳，凡拔城破垒，俘四千余人。议者谓应戮以为京观[3]。道济曰："伐罪吊民，正在今日。王师以正为律，何必杀人？"皆释而遣之。于是戎夷感悦，相率归之者众。

【注释】

〔1〕檀道济：南朝宋将领。高平金乡（位于今山东金乡北）人。
〔2〕高祖：指南朝宋武帝刘裕，高祖为其庙号。文中之时刘裕尚未代晋称帝。
〔3〕京观（guàn）：古代战争中，为炫耀其武功，胜利者常常将敌人尸首收集一起封土作高冢，称为"京观"。

【译文】

南朝宋檀道济曾在宋武帝北伐时统率前锋部队，攻占了洛阳。当时在攻城战争中俘获当地军民四千余人。他的部下有人提出把这些俘虏都杀害埋入坑内，垒起大丘，以威吓当地人。檀道济不同意，他说："我军出征是为讨伐罪人，怜惜受害民众，今天的事正要体现这种精神。我们是王师，要以正道为行兵律令，何必靠杀人显威风呢！"他下令把这些俘虏释放、遣返了。这样做后，戎和夷等少数民族感动信服，结队前来向宋军归顺的人大大增加。

四十三、虚 战

【原文】

凡与敌战，若我势虚，当伪示以实形，使敌莫能测其虚实所在，必不敢轻与我战，则我可以全师保军。法曰：敌不敢与我战者，乖其所之也。

【译文】

凡是与敌作战，如果我军兵力薄弱，就要善于伪装成兵力强大的模样，使敌人摸不清底细，不敢轻率进攻我军，我军可免遭损失，保存兵力。兵法说：敌人不敢同我军交战，那是我们善于伪装，用计转移了他的进攻方向。

【战例】

三国蜀将诸葛亮在阳平[1]，魏延诸将并兵东下[2]，亮惟留万余守城。魏司马懿率二十万众拒亮，与延军错道，径前，当亮军六十里。候还，白懿云："亮城中兵少力弱。"亮亦知懿军垂至，恐与己相逼，欲赴延军，相去又远，势不能及。将士失色，莫知其计。亮意气自若，敕命军中皆偃旗息鼓，不得妄出；又令大开四门，扫地却洒。懿尝谓："亮持重。"而复见以弱势，疑其有伏兵，于是率众退北山。明日食时，亮与参佐拊手大笑曰："司马必谓吾示怯，将有伏兵，循山走矣。"候还白，如亮言。懿后知之，深以为恨。

【注释】

〔1〕阳平：关隘名。在今陕西勉县西白马河入汉水处。为川陕交通要冲。
〔2〕魏延（？—234）：三国时蜀将。字文长，义阳（今河南桐柏东）人。

【译文】

三国时期，蜀将诸葛亮驻军于阳平关，派魏延率领精锐将士向东进攻魏国，仅留一万余人防守阳平城。魏国大将司马懿带兵二十万前来截击诸葛亮，和魏延未能遭遇，所以一直抵达离阳平六十里的地方。侦察兵回来报告司马懿说："阳平城内蜀军很少，兵力非常薄弱。"这时，诸葛亮也深知魏军要到达这里，现在同魏延靠拢是来不及的，相距太远。蜀军将士惊慌失色，不知所措。而诸葛亮却稳若泰山，毫无恐慌之色。他让士兵放倒旗帜，停止擂鼓鸣金，任何人不能擅自出入营地。又命令大开城门，让士兵洒水扫地。司马懿说："诸葛亮用兵向来慎重。"如今又显示出将少兵弱的模样，城中肯定有埋伏，迅速率兵从北山退走。第二天用饭时，诸葛亮和将士们拍手大笑说："司马懿必定认为我们故意露出虚弱的样子，目的是要打他的埋伏，因此就顺着山脚撤回了。"蜀军侦察兵回来报告，正如诸葛亮所言。司马懿后来知道了事情的原委，很是悔恨。

四十四、实　战

【原文】

凡与敌战，若敌人势实，我当严兵以备之，则敌人必不轻动。法曰：实而备之。

【译文】

凡是对敌作战，假若敌人部署严密、军力的确不小，我军就要认真戒备，则敌人必不敢轻举妄动。兵法说：敌人部署严谨、实力可观，我军就要充分做好临战准备。

【战例】

三国蜀先主为汉中王，拜关羽为前将军，假节钺，屯江陵。是岁，羽留兵屯公安、南郡，以备吴，而率兵攻魏将曹仁于樊。曹操遣于禁等救仁。秋，大雨，汉水泛滥，禁所督七军皆没，禁降羽，庞德被诛。梁、郏、陆浑群盗或遥受羽印号，为支党，羽威震华夏。

【译文】

三国时，蜀国刘备登基汉中王之后，委任关羽为前将军，赏赐给他节钺，驻兵在江陵。是年，关羽把一部分兵力留在公安、南郡，用以防备吴国，他亲率大军围困魏将曹仁于樊城。曹操忙派于禁等援救曹仁。那时，正是秋天雨季，汉水泛滥成灾，于禁所指挥的七路军马因遭遇大水，全被淹没。于禁兵败，被迫投降关羽，庞德也因战败而被活捉。梁、郏、陆浑等反魏的小股势力也接受关羽的委任，成为关羽的编外队伍，以配合行动。当时关羽在军事上所获得的重大胜利，震撼整个华夏。

四十五、轻　战

　　凡与敌战，必须料敌，详审而后出兵。若不计而进，不谋而战，则必为敌所败矣。法曰：勇必轻合，轻合而不知利，未可也。

【译文】

　　凡与对敌作战，必须估计敌人的情况，经过筹划后才能出兵。如果不计算对比就前进，不制订作战计划就进攻，就必定要被敌人打败。兵法说：勇敢就必然会轻率地接战，轻率接战而不知生死存亡利害关系，是绝对不可以的。

【战例】

　　春秋，晋文公[1]与楚战，知楚将子玉[2]刚忿偏急。文公遂执其使宛春以挠之。子玉怒，遂乘晋军，楚师大败。

【注释】

　　[1] 晋文公：姓姬，名重耳。前636—前628年在位。曾在外流亡十九年。回国后大力富国强兵，最终称霸诸侯。

　　[2] 子玉：即楚国令尹成得臣。在城濮之战中大败后自杀。

晋文公重耳

【译文】

　　春秋时，晋文公与楚国交战，而晋文公知道楚将子玉一向不听别人的意见，性格刚直偏激，便故意捉住楚军派来的使者宛春激怒子玉。子玉果然上当，便进攻晋军，结果楚军大败。

四十六、重　战

【原文】

　　凡与敌战，须务持重，见利则动，不见利则止，慎不可轻举也。若此，则必不陷于死地[1]。法曰：不动如山。

【注释】

〔1〕死地：本处指处于危亡的境地。

【译文】

凡是和敌军作战，必须保持慎重。有机可乘就马上出击；观察不到有利的战机，就暂时停止进攻。要慎重考虑而不可轻举妄动。兵法说：军队不动时就像山岳一样稳固。

【战例】

春秋晋将栾书[1]伐楚，将战，楚晨压晋军而阵，军吏患之。裨将范匄[2]趋进，曰："塞井夷灶，陈于军中，而疏行首[3]。"栾书曰："楚师轻佻，吾持重固垒而待之，三日必退。退而击之，必获全胜。"于是败楚师于鄢陵。

【注释】

〔1〕栾书：春秋时期晋国将领。晋文公时下军主将栾枝之孙。

〔2〕范匄(gài)：即士匄。晋国大夫士燮（亦称"范文子"）之子。卒后谥宣子。

〔3〕疏行首：指拉宽行阵间战道的距离，使出战击刺方便。行首，即行道，战道。

【译文】

春秋时晋国大将栾书率领军队进攻楚国，将要与楚军作战的时候，发现楚军已经抢先压着晋军营地布了阵。栾书部下参谋人员很为这种事态着急。范匄到栾书面前说："是不是要塞井平灶，赶快把力量集中到阵中来，设法寻找疏散、突破敌军包围的方策？"栾书说："楚军这样做是轻举妄动的表现。我军要慎重镇定，固定阵地以等待其锐气衰败。不出三天，楚军必退，趁他们退兵我军大举进攻，必定能获全胜。"结果在鄢陵大败楚军。

四十七、利　战

【原文】

凡与敌战，其将愚而不知变，可诱之以利；彼贪利而不知害，可设伏兵以击之，其军可败。法曰：利而诱之。

【译文】

凡是对敌作战，敌将愚顽而不知机变，可以用小利来引诱它上钩；敌人贪图小利而不知利害，可以设下圈套，打他埋伏，这样，敌人就可以被打败。兵法说：对于贪婪好利的敌人，就用小利去引诱它。

【战例】

　　春秋楚伐绞，莫敖[1]屈瑕曰："绞小而轻，轻则寡谋。请无捍采樵者以诱之。"从之。绞获三十人。明日，绞人争出，驱楚役徒于山中。楚人坐[2]其北门，而伏诸山下，大败之。

【注释】

〔1〕莫敖：春秋时楚国官职名称，掌管全国军政大权。

〔2〕坐：等待，守。

【译文】

　　春秋时期，楚国进攻绞国，楚国的莫敖屈瑕向楚王建议说："绞国地小而人轻佻，轻佻就缺少计谋。因此，请大王派出一些徒手士兵化装成拾柴的人，以此来引诱绞人就范。"楚王采纳了屈瑕的建议。这样，绞军便轻而易举地捕获了楚军三十名砍柴人。第二天，绞军又争相出城，于山中追逐楚军砍柴人。楚军预先守候在绞城北门，并设伏兵于山下，待机而动，结果乘机大败绞军。

四十八、害　战

【原文】

　　凡与敌各守疆界，若敌人寇抄我境，以扰边民，可于要害处设伏兵，或筑障塞以邀之，敌必不敢轻犯。法曰：能使敌人不得至者，害之也。

【译文】

　　凡是与敌对抗，各自防守边界，如果敌人进犯我边境，袭扰我边民的话，可在边界要害之处设置伏兵，或者构筑障碍要塞以拦截敌人。这样，敌人必定不敢轻率来犯。兵法说："能使敌人无法进犯我防区，是因为我方坚守险隘要塞拦截的缘故。"

【战例】

　　唐时，朔方[1]总管沙吒忠义为突厥所败，诏张仁愿摄御史大夫伐之。既至，贼已出。率兵蹑击，夜掩其营，破之。始，朔方军与突厥以河为界，北岸有拂云祠[2]，突厥每犯边，必先谒祠祷祀，然后引兵而南。时默啜悉兵急击突厥[3]，张仁愿请乘虚取河北，筑受降城，绝兵南寇。唐休璟以为："西汉以来，皆南守河，今筑城虏腹中，终为所有。"仁愿固请，中宗许之。表留岁满镇兵以助其功，咸阳人二百逃归，仁愿擒之，尽斩城下，军中股栗。役者尽力，六旬而三城就。以拂云为中城，南直朔方，西城南直灵武[4]，东城南直榆林[5]。三垒相距，各四百余里，其北皆大碛也。斥地三百里远，又于牛头朝那山北，置烽候千八百所。自是突厥不敢逾山牧马，朔方亦无岁寇。省费亿计，减镇兵数万。

【注释】

〔1〕朔方：唐方镇名。设节度使，为边防十节度使之一。

〔2〕拂云祠：又称拂云堆，即受降城。在今内蒙古乌拉特旗西北。

〔3〕默啜（？—716）：后突厥可汗。

〔4〕灵武：古县名。在今宁夏贺兰县西北。

〔5〕榆林：古县名。治所在今内蒙古准格尔旗东北十二连城。

【译文】

唐朝时，朔方总管沙吒忠义被突厥人所打败，朝廷下诏派张仁愿任御史大夫去接替他打突厥军。到任后，敌人已经撤离。仁愿派兵跟踪，夜袭敌方营盘，打败了敌人。开始时，朔方军队与突厥军队以河为界，界北有一座拂云祠，突厥每次侵犯边界，必先到拂云祠祭祀祷告，然后再出兵南侵。当时突厥首领默啜已把全部兵力派出攻打西突厥。张仁愿建议趁敌内部空虚进兵河北，构筑受降城，截断敌兵南侵的道路。唐休璟以为："从西汉以来，都坚守河南，如今要把城垒筑在敌人心脏里，迟早将被敌人所吃掉。"仁愿再三建议，唐中宗李显竟然答应了。仁愿上表挽留服役已满期的镇兵延期至年底，以帮助完成筑城任务。不料发生了二百名咸阳兵逃亡的事件，仁愿把他们全部抓回，在城外处决了，这件事使全军震动很大。此后筑城的人无不加紧工作，六十天修好三座城。以拂云为中城，南到朔方；西城南到灵武；东城南到榆林。三城相隔，各四百余里，它的北边，都紧靠广大沙漠。由此举开拓疆界三百里远。又在牛头朝那山以北，设置烽火台一千八百多所。从此，突厥人不敢越山牧马，朔方也看不到敌兵的踪迹。每年能节银以亿计算，缩减镇兵几万人。

百战奇略

四十九、安　战

【原文】

凡敌人远来气锐，利于速战；我深沟高垒，安守勿应，以待其敝。若彼以事挠我，求战，亦不可动。法曰：安则静。

【译文】

凡是敌人远道而来，士气正盛，利在速战速决；我方应当深沟高垒，固守阵地，等待敌军疲惫。即使对方用计扰乱、诱我出战，也不要理睬他们。兵法说：军队固守不战，就要保持绝对平静。

【战例】

三国蜀将诸葛亮率众十余万出斜谷，垒于渭水之南。魏遣大将司马懿拒之，诸将欲往渭北以待之，懿曰："百姓积聚皆在渭南，此必争之地也。"遂率军而济，背水为垒。因谓诸将曰："亮若勇者，当出武功[1]，依山而东。若西上五丈原[2]，则诸军无事矣。"亮果上五丈原。会有长星坠亮之垒，懿知其必败。时朝廷以亮率军远入，利在急战，每命懿持重，以俟其变。亮数挑战，懿不出，因遗懿以巾帼[3]妇人之饰，懿终不出。懿弟孚[4]书问军事，懿复曰："亮志大而不见机，多谋少决，好兵而无权，虽持兵十万，已堕吾画中，破之必矣。"与之对垒百余日，会亮病卒，诸将烧营遁走，百姓奔告，懿出兵追之。亮长史杨仪[5]反旗鸣鼓，若将向懿者。懿以归师不之迫，于是杨仪结阵而去。经日，行其营垒，观其遗事，获其图书、粮食甚众。懿审其必死，曰："天下奇才也！"辛毗[6]以为尚未可知。懿曰："军家所重，军书密计、兵马粮食，今皆弃之，岂有人损五脏而可以生乎？宜急追之。"关中多蒺藜，懿使军士二千人着软材平底木屐前行，蒺藜著屐，然后马步俱进。追到赤岸，乃知亮已死。时百姓为之谚曰："死诸葛走生仲达。"懿笑曰："吾能料生，不能料死故也。"

【注释】

〔1〕武功：汉置县。故址在今陕西武功西。

〔2〕五丈原：古地名。位于今陕西宝鸡东南之斜谷口西侧，渭水经此流过。

〔3〕巾帼：本指古代妇女的头巾和发饰，后作为妇女的代称。

〔4〕懿弟孚：即司马懿之弟司马孚，字叔达。官至尚书令。

〔5〕杨仪：襄阳（今湖北襄樊）人，字威公。诸葛亮时为长史。

〔6〕辛毗：字佐治。初从袁绍，后归曹操，任丞相长史。

【译文】

三国时期，蜀将诸葛亮领兵十万从斜谷出发，在渭河南岸扎营。魏国派大将司马懿率军阻击。司马懿的部将都建议到河北岸等待截击。司马懿却说："百姓多年积储的财富都在渭河以南，那里是双方必争之地。"于是率大军过河扎营，司马懿对部下说："诸葛亮假若是个大勇之人，就会从武功出发，凭借山险向东进击。如果西进五丈原，我们也就没有什么危险了。"诸葛亮果然进驻五丈原。正逢天空中有一颗流星落入诸葛亮扎营的方向，司马懿料准诸葛亮非吃败仗不可。当时，魏帝也再三叮嘱司马懿，蜀军远道入侵，最宜速战速决，指示司马懿持慎重态度，等待蜀军内部发生变化。诸葛亮多次挑衅，司马懿都不应战。于是诸葛亮给司马懿送去妇女的用品来激怒他，司马懿仍不予理会。司马懿的弟弟司马孚来信询问军情，司马懿回信说："诸葛亮确实身怀大志，但不会选择战机；虽然尚能出谋划策，但是又犹豫寡断；虽然善于治军，但却没有兵权，所以他这次虽率十万大兵，却已经进了我的圈套之中，击败他是无疑的。"两军就这样相持一百多天。后来诸葛亮病死在营中，蜀将烧毁营寨退兵而走。老百姓把这些情况告诉了司马懿，司马懿立即率兵追杀。诸葛亮的长史杨仪指挥部队把旗帜指向北，擂鼓鸣号，摆出反击魏军的阵势。司马懿觉得对返回本国的军队不能过分逼迫，因此杨仪便率军安然撤走了。停了一天，司马懿经过蜀军烧过的营地观察遗迹，发现了许多图书和粮食，司马懿判定诸葛亮的确死了，感慨地说："诸葛亮确实是天下奇才啊！"军师辛毗觉得目前还不能断定诸葛亮的确死了。司马懿反驳说："军事家看重的，莫过于军事档案和作战记录、兵马册簿和粮草等等，如今这些东西遗弃遍地，正像人损掉了五脏六腑，哪能有存活之理？我们应马上追杀蜀军。"司马懿派二千士兵穿上软木鞋在遍地蒺藜的关中地区开路，这样蒺藜都扎在鞋底上，于是后面的步、骑兵也安然穿过该地区，一直追赶到赤岸，才得以证实诸葛亮真死了。当时老百姓还特为这件事编了谚语："死了的诸葛亮能吓跑活着的司马懿。"司马懿听后，笑着说："因为我只能料到活人的事，不能预见死人的事啊！"

五十、危　战

【原文】

凡与敌战，若陷在危亡之地，当激励将士决死而战，不可怀生则胜。法曰：兵士甚陷则不惧。

【译文】

凡是对敌作战，如果我军陷入了危险的境地，就应当激励将士决死战斗，只要不苟且偷生就能取胜。兵法说：士兵敢赴汤蹈火，就不会惧怕。

【战例】

后汉将吴汉[1]讨公孙述[2]，进入犍为界[3]，诸县皆城守。汉攻广都[4]，拔之；遣轻骑烧成都市桥[5]，武阳以东诸小城皆降[6]。帝戒汉曰："成都十余万众，不可轻也。但坚据广都，待其来攻，勿与争锋，若不敢来，公转营迫之，须其力疲，乃可击也。"汉不听，乘利，遂自将步骑二万余人，进逼成都，去城十余里，阻江北为营，作浮桥；使别将刘尚将万余人屯于江南，相去二十余里。帝大惊，责汉曰："比敕公千条万端，何意临事悖乱。既轻敌深入，又与尚别营，事有缓急，不复相及，贼若出兵缀公，以大众攻尚，尚破，公即破矣。幸无他者，急率兵还广都。"诏书未到，述果遣其将谢丰、袁吉将众十万余出攻汉，使别将万余人劫刘尚，令不得相救。

汉与大战一日，兵败，走入壁；丰围之。汉召诸将励之曰："吾与诸将逾越险阻，转战千里，所在斩获，遂深入敌地。今至其城下，而与尚二处受围，势既不接，其祸难量，欲潜师就尚于江南御之。若能同心协力，人自为战，大功可立；如其不然，败必无余。成败之机，在此一举。"诸将皆曰："诺。"于是，飨士秣马，闭营三日不出。乃多立幡旗，使烟火不绝。夜，衔枚引马，与尚合军。丰等不觉，明日乃分兵拒江北，自将兵攻江南。汉悉兵迎战，自旦至晡，遂大败之，斩谢丰、袁吉。于是率兵还广都，留刘尚拒述。具状以闻，而深自谴责。帝报曰："公还广都，甚得其宜，述必不敢略尚而击公。若先攻尚，公从广都五十里悉步骑赴之。适当值其危困，破之必矣。"于是，汉与述战于广都、成都之间，八战八克，遂军于郭中。述自将数万人出城大战，汉护军高午、唐邯将锐卒数万击之，述兵败走，高午奔阵刺述杀之。旦日城降，斩述首传送洛阳，蜀遂平。

【注释】

〔1〕吴汉（？—44）：东汉初将领。字子颜，南阳宛县（今河南南阳）人。
〔2〕公孙述：字子阳，茂陵（陕西兴平东南）人。王莽时自立为蜀王。
〔3〕犍为：郡名。西汉建元六年（前135）置，治所在僰道（今四川宜宾市西南）。
〔4〕广都：地名。在四川华阳县东南。
〔5〕市桥：地名。在四川成都县西，一名金花桥。
〔6〕武阳：秦置。在四川彭山县东。

【译文】

后汉大将吴汉攻打隗嚣将公孙述，率军进入犍为界，那里的县城，到处都有部队防守。吴汉攻克广都以后，派骑兵烧毁了附近的市桥，接着武阳以东地区小城都投降了。刘秀向吴汉告诫说："成都有十余万敌兵，不要轻视，可以坚守广都，等待敌人来攻，也不要马上分出胜负。假若敌人不敢出来，你要调遣部队逼他出战，必须使他疲惫不堪，那时才能大举进攻。"吴汉不听。趁着胜利，亲率步、骑二万余人，向成都逼近。离城还有十余里，在江北扎营，搭成浮桥；又派刘尚带万余人，在江南扎营，二营相距二十余里。刘秀知道后，大惊失色，批评吴汉说："我刚作指示，并千头万绪来嘱咐，为什么行动起来，却又违背我！你既然轻敌深入，又和刘尚分别扎营，敌情紧急，不能相互支援。假若敌人出兵钳制你，另派主力进攻刘尚，一旦刘尚被歼，那时你也危险了。现在侥幸尚未发生问题，急速带兵回到广都。"诏书还未送到吴汉手里，公孙述派部将谢丰、袁吉带十万兵力进攻吴汉。又另派出一万多人袭击刘尚，迫使他二人不能互相救援。

东汉将领吴汉被公孙述打败后，逃回军营，公孙述的将领谢丰等马上把城围困了。吴汉召集各位将领，激励他们说："我与各位将领涉越险阻，转战

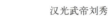
汉光武帝刘秀

千里，所到之处，无不胜利，因而今天，才深入到敌境来。逼近成都，我们却与刘尚在两个地方被包围，实难互相接应，眼前的灾祸是难以估量的。我想偷偷地将军队移至江南，与刘尚合兵防守，便于集中兵力对敌。如果大家能同心协力，人自为战，大功可以告成；如其不然，必败无疑，成败在此一举。"各将领都说："是。"于是用酒饭招待士兵，喂饱马匹，闭住营门，三天不出，并树立起许多旌旗，使烟火缭绕不绝。到了夜晚，部队口衔竹片，悄悄出动，与刘尚合兵一处。谢丰等人没有察觉，第二天仍然分兵阻挡住江北之敌，而自己领兵攻打江南。吴汉全军出战，自清晨杀到黄昏，大败敌军，斩了谢丰、袁吉。于是率军退还广都，留下刘尚继续抗击公孙述。吴汉向光武帝上报了这一情况，并深深地责备自己。光武帝回诏文说："你退回广都，是很合适的。公孙述必然不敢同时进攻刘尚和你。如果他先攻刘尚，你就从广都率全部步骑兵赶五十里到那里。其时当是公孙述十分疲惫之时，这样就必然能打败他。"于是，吴汉与公孙述交战于广都至成都之间，吴汉八战八胜，遂进入成都外城。公孙述亲自率领几万人出城大战，吴汉派护军高午、唐邯带领几万名精锐士兵迎击。公孙述兵败溃逃，高午冲到敌阵中将公孙述刺死。第二天，成都被迫投降，吴汉把公孙述的首级，传送到京都洛阳。从此蜀地被平定。

五十一、生　战

【原文】

凡与敌战，若地利已得，士卒已阵，法令已行，奇兵已设，要当割弃性命而战则胜。若为将临阵畏怯，欲幸生必反为所杀。法曰：幸生则死。

【译文】

凡是对敌作战，如果有利地形已被我军占领，参战部队已经进入阵地，军法号令已经通行无阻，奇袭分队已经部署停当，那么，此时最重要的就是全军将士都要舍生忘死地去奋战，这样才能取得胜利。倘若将领临阵怕死犹豫，企图侥幸活命，反而会兵败被敌人所杀。兵法说：侥幸求生的反而会被杀死。

【战例】

春秋时，楚子[1]伐郑，晋救之，与战于敖鄗之间。晋赵婴齐使其徒先具舟于河，欲败而先济，故将士懈，卒不可胜。

【注释】

〔1〕楚子：指楚庄公。芈姓，名旅（一作吕、侣）。"春秋五霸"之一。

【译文】

春秋时楚王兴师讨伐郑国，晋国派军队去救郑国。晋军与楚军在敖鄗之间会战。晋国主将之一的赵婴齐在作战之前先安排手下人在己方后面的黄河上备好船只，想一旦打败仗，自己能从这里先逃渡到河那边去。这种做法使得将士斗志松懈，终于不能战胜楚军。

五十二、死　战

【原文】

凡敌人强盛，吾士卒疑惑，未肯用命，须置之死地，告令三军，示不获已[1]。杀牛燔车，以享将士卒，烧弃粮食，填夷井灶，焚舟破釜，绝去其生虑，则必胜。法曰：必死则生[2]。

【注释】

〔1〕不获已：不得已。

〔2〕必死则生：抱定必死决心奋战的就能获得胜利而生存。

【译文】

凡是敌人兵力强大，我军官兵惶惑不安，不肯努力向前时，就必须要将他们置于绝境，通告三军，表示非战斗之不获胜利决不生还。杀牛烧车，让将士吃饱，然后烧掉粮草，填平水井，夷平灶坑，焚烧舟船，砸毁饭锅，断绝一切侥幸心理，就必定能胜利。兵法说：抱着必死的决心就能生还。

【战例】

秦将章邯[1]已破楚将项梁[2]军，以为楚地兵不足忧，乃渡河击赵，大破之。当此时，赵歇为王，陈余为将，张耳为相，兵败皆走入巨鹿城[3]。章邯令王离、涉间围巨鹿，章邯军其南，筑甬道[4]而输之粟。楚怀王以宋义[5]为上将，项羽[6]为次将，范增[7]为裨将，救赵。诸别将皆属焉。宋义行至安阳，留四十余日不进，遣其子宋襄相齐，自送之无盐，饮酒高会。项羽曰："今国兵新破，王坐不安席，扫境内而委诸将军，国家安危，在此一举。今不恤士卒而徇其私，非

百战奇略

社稷[8]之臣。"项羽晨朝宋义，即其帐中，斩之，下令军中曰："宋义与齐谋反，楚王阴令羽诛之。"是时，诸将皆慑服，莫敢支吾，皆曰："首立楚者，将军家也。今将军诛叛乱。"即共立羽为假上将军[9]。使人追宋义子襄，及之齐，杀之。使桓楚报命于楚怀王，因命项羽为上将军。当阳君、蒲将军皆属焉。项羽以杀宋义，威震楚国，名闻诸侯。乃遣当阳君、蒲将军率二万众渡河救巨鹿。战不利，陈余复请兵，项羽乃悉兵渡河，沉舟，破釜甑[10]，烧庐舍，持三日粮，以示士卒必死，无还心。至，则围王离，与秦军遇，九战，绝其甬道，大破之，杀苏角，虏王离。当是时，诸侯救巨鹿下者十余壁，莫敢纵兵。楚兵击秦军，诸侯皆从壁上观。楚战士无不以一当十。楚兵呼声动天地，诸侯人人惴恐。于是，大破秦军。

【注释】

〔1〕章邯：秦将，官至少府。秦末，曾镇压过陈胜、项梁领导的起义军。

〔2〕项梁：秦末起义军首领之一。下相（位于今江苏宿迁西南）人。

〔3〕巨鹿城：位于今河北巨鹿西南。

〔4〕甬道：指两旁筑有墙垣或其他障碍物用来保证运输安全的驰道或通道。

〔5〕宋义：原楚令尹。秦末从项梁起义。

〔6〕项羽：名籍，字羽。秦末从叔父项梁起义。秦亡后，自立为西楚霸王。后在楚汉战争中，被刘邦打败，于乌江自刎。

〔7〕范增：项羽谋士。被项羽尊为"亚父"。

〔8〕社稷(jì)：代指国家。社，土神；稷，谷神。

〔9〕假上将军：尚未得到正式任命而暂署上将军之职。假，代理。

〔10〕釜甑(fǔ zèng)：均为炊具。釜，一种敛口圆底，或有两耳的锅，有金属制和陶土制两种。甑，类似现代的蒸锅，底部有许多透蒸气的孔格。

【译文】

秦朝大将章邯打败楚将项梁后，以为楚国的兵力不足为忧，便渡过黄河去攻击赵国，大败了赵军。此时赵歇为赵王，陈余为将军，张耳为丞相。军队失败后，都逃进了巨鹿城，章邯令部将王离、涉间，包围了巨鹿城。章邯军驻扎在巨鹿南侧，修筑甬道为其输送粮食。楚怀王用宋义为上将，项羽为次将，范增为副将，前去援救赵国，众将领都归宋义管辖。宋义行至安阳时，逗留四十多天不前进，派遣自己的儿子宋襄去齐国做宰相，亲自送他到无盐，并大摆酒宴。项羽说："现在我国军队刚遭受失败，国王坐卧不安，将平定国土的责任

项羽

专门托付给将军，国家的安危，全在此一举。现在你却不体恤士兵，而只徇私情，这不是国家重臣的行为。"第二天，项羽早起去谒见宋义，即在宋义的军帐中将他杀了，并在军中传令说："宋义与齐国谋反，楚王暗令项羽杀掉他。"当时，诸侯都很害怕而表示服从，谁也不敢吭声，都说："首先起来恢复楚国的，是将军您家的人，如今将军又剪除了叛乱。"大家就共同拥立项羽为代理上将军，并派人追赶宋义的儿子宋襄，追至齐国并将其杀死。又派人将此事上报楚怀王，怀王就任命项羽为上将军，当阳君、蒲将军都归其指挥。因为杀了宋义，项羽威震楚国，各路诸侯也很敬佩。于是派遣当阳君、蒲将军率领二万人渡江去援救巨鹿城，但接战后失利。赵将陈余又前来向项羽请求救兵。项羽便令全军渡江，然后凿沉舟船，砸碎锅盆，焚烧营房，只让士兵携带三天的粮食，向士兵讲明这次如果不去做决死战斗，绝无生还。项羽过江后包围了王离，切断了他输粮的甬道，并彻底打败了他，杀了苏角，俘获了王离。当时，各诸侯国前来援救巨鹿而驻于城下的有十余个营垒，没有人敢于发兵援救，楚军进攻秦军时，各诸侯国的部队都持观望态度。楚国前去援救巨鹿军队的官兵无不以一当十，呼喊声惊天动地，诸侯也人人都感到恐惧，最后终于大败了秦军。

五十三、饥 战

【原文】

　　凡兴兵征讨，深入敌境，刍粮乏阙，必须分兵抄掠。据其仓廪，夺其蓄积，以继军饷，则胜。法曰：因粮于敌，故军食可足也。

【译文】

　　凡是出兵征讨，深入敌国境内，粮草供应缺乏，必须分兵抢掠，占据敌国粮仓，夺取它的积蓄，用以接济军饷，这样就能取胜。兵法说：出国作战所需的粮草靠在敌国就地补充，这样部队的给养就充足了。

【战例】

　　《北史》：后周[1]将贺若敦[2]率兵渡江取陈，湘州陈将侯瑱讨之[3]。秋水泛溢，江路遂断，粮援既绝，人怀危惧。敦于是分兵抄掠，以充资费。恐瑱等知其粮少，乃于营内多聚

百战奇略

土，以米覆之。召侧近村人，佯有访问，随即遣之。 瑱等闻之，以粮为实。敦又增修营垒，造庐舍，示以持久。湘、罗之间[4]，遂废农业，瑱等无如之何。初，土人乘轻船，载米粟并笼鸡鸭，以饷其军。敦患之，乃伪为土人船，伏甲兵于中。瑱兵望见，谓饷船至，逆水争取，敦甲士遂擒之。又敦军数有叛者，乘马投瑱，瑱辄纳之。敦乃取一马牵以趋船，令船中人以鞭鞭之，如是者再三，马畏船不敢上。后伏兵于江岸，使人乘畏船马，诈投瑱军。瑱即遣兵迎接，争来牵马。马既畏船不上，伏兵发，尽杀之。后实有馈饷及亡奔瑱者，犹恐敦设诈兵，不敢受。相持岁余，瑱不能制。

【注释】

〔1〕后周：即北周。宇文觉所建。

〔2〕贺若敦：北周将领。代（在今河北蔚县）人。

〔3〕侯瑱：陈国将领。弘远之子。因破侯景迁南豫州刺史。

〔4〕湘、罗之间：今湖南及湖北宜城一带。

【译文】

据《北史》记载：后周将领贺若敦率军过江攻打陈国，湘州陈将侯瑱前来迎战。此时正值秋水泛滥季节，水路交通严重受阻，致使贺若敦部队粮援断绝，将士人人心怀恐惧。贺若敦于是分兵四出搜掠粮物，用来充作部队的军资费用。贺若敦害怕侯瑱了解到自己部队的缺粮情况，就在军营中大量积土堆丘，在其上面覆盖一层粮米，然后召集附近村庄的百姓到军营来，装作向他们询问事宜的样子，让他们看见后，又马上让他们离开了。侯瑱从百姓那里听到其所见的情况后，便误认为贺若敦部队的粮食充足。贺若敦还进一步加修营垒，建造房舍，以显示其长期驻守湘州的企图。湘罗之间因为战争影响，有一些农田荒废了，侯瑱对此毫无办法。起初，当地百姓经常驾驶小船，装载粮米和鸡鸭笼子送给侯瑱部队做军饷。贺若敦对此甚为忧虑，于是便派人伪装成当地百姓馈送粮谷和鸡鸭，而实际是埋伏着士兵的武装船只向陈军驶来，侯瑱部队看到了，以为又是馈送饷粮的百姓船只，便迎水而上，争先恐后地登船接取东西，结果被船中埋伏的士兵全部抓获。另外，贺若敦军中常有叛逃者骑马投降陈军的，侯瑱都予以接纳。有鉴于此，若敦便令人找来一匹马，靠近小船让船上人用鞭子抽打这匹马，像这样做过多次以后，马匹因怕挨打而不敢上船了。其后若敦设伏兵于江边，让人骑着这匹怕船马伪装去投奔侯瑱军，侯瑱不辨真假就派兵乘船来迎接，大家争相过去牵马，马因怕船而不敢上船。这时，江边若敦预设的伏兵突然跃进齐击，将侯瑱所派的士卒全部杀死。以后，即使有了真正馈送粮饷的民船或者来投奔陈军的士卒，侯瑱因为害怕若敦的诡计阴谋，再也不敢接纳了。就这样，双方相持了一年多，侯瑱始终敌不过贺若敦。

五十四、饱　战

【原文】

　　凡敌人远来，粮食不继，敌饥我饱，可坚壁不战，持久以敝之，绝其粮道。彼退走，密遣奇兵，邀其归路，纵兵追击，破之必矣。法曰：以饱待。

【译文】

　　凡是敌人远来作战，粮食供应往往接济不上。敌饥我饱，便应坚壁防守，不与交战，持久坚持以待时机，截断敌人的粮源。而当敌人退走时，秘密派遣奇兵截断他的退路，再派兵追击，就必定能大败敌人。兵法说：以我之饱对待敌人之饥饿。

【战例】

　　唐武德初，刘武周[1]据太原，使其将宋金刚屯于河东。太宗往征之，谓诸将曰："金刚垂[2]军千里入吾地，精兵骁将皆在于此。武周自据太原，专寄金刚以为捍蔽[3]。顾金刚虽众，内实空虚，虏掠为资，意在速战。我当坚营待其饥，未宜速战。"于是，遣刘洪等绝其粮道，其众遂馁，金刚乃遁。

【注释】

〔1〕刘武周：唐初地方割据势力之一。
〔2〕垂：指挺入。
〔3〕捍蔽：保障，屏蔽。

【译文】

　　唐武德年初，刘武周占据太原，派其大将宋金刚驻扎河东。太宗李世民率兵前往征讨。李世民对诸将领说："宋金刚大军千里行军深入我境，其精兵勇将都集中在这里，刘武周自己据守太原，专门给宋金刚做好后方工作。再看宋金刚虽然人数众多，但内部其实是空虚的。他到处抢掠以补充供给，目的在于速战，我应坚守阵营，等待敌人饥饿，不应马上出战。"于是派刘洪等人截断敌人的粮道，敌人部队很快发生了粮荒，宋金刚只好逃走。

五十五、劳 战

【原文】

凡与敌战，若便利之地，敌先结阵而据之，我后去趋战，则我劳而为敌所胜。法曰：后处战地而趋战者劳。

【译文】

凡是对敌作战，如果有利地形已为敌人抢先占据而严阵待我，我军在后匆忙赶去交战，就会因为疲劳而被敌人所战胜。兵法说：后到战场仓促应战的就容易疲劳被动。

【战例】

晋，司空刘琨[1]遣将军姬澹[2]率兵十余万讨石勒[3]，勒将拒之。或谏曰："澹兵马精盛，其锋不可当。且深沟高垒，以挫其锐。攻守势异，必获全胜。"勒曰："澹军远来，体疲力竭，人马乌合，号令不齐，一战可擒也，何强之有？援又垂至，胡可舍去？大军一动，岂易中还！若澹乘我之退，顾身无暇，焉能深沟高垒乎？此谓不虞而自取灭亡之道。"遂斩谏者。以孔苌为前锋都督，令三军后出者斩。设疑兵于山上，分为二伏。勒率兵与澹战，伪收众而北，澹纵兵追之，伏发夹攻，澹大败而退。

【注释】

〔1〕刘琨：晋朝将领，诗人。字越石，中山魏昌（今河北无极）人。

〔2〕姬澹：刘琨部将。字世雄，后魏代（今河北蔚县）人。

〔3〕石勒：十六国时期后赵的建立者。字世龙，上党武乡（今山西榆社北）人。

【译文】

西晋时期，司空刘琨派遣将军姬澹率兵十万进攻石勒。石勒将要率兵抵抗，有人向他建议说："姬澹兵马装备整齐，攻势很强，难于阻挡，因此我们应当固守深沟高垒以挫折敌人锋锐，从而促使双方攻守形势发生变化，这样必定可以获得全胜。"但石勒却说："姬澹部队远道而来，已经精疲力竭，实属乌合之众，缺乏统一号令，可以一战将其擒获，哪里还称得上精锐强盛！现在敌人已经来到，怎么可以放弃这个击敌的好机会呢？况且大军一经行动，又怎么容易中途退还！倘若姬澹乘我们退还之机而袭击我们，我们将处于自顾不暇的困难境地，哪里还能凭借深沟高垒以抗御敌人！你的这个建议实质是个不战而自取灭亡的办法。"石勒说完便杀了提建议的人，然后派遣孔苌为前锋都督，命令全军凡是后出战者一律处斩。于是抢先于山上设置疑兵以迷惑敌人，又分别埋伏两支部队。石勒亲率骑兵正面迎战姬澹军，刚一交战便伪装兵败而后退。姬澹挥军全力追击，被诱进了包围圈，石勒所设的前后两支伏兵，奋起夹击，姬澹军猝不及防，大败而逃。

五十六、佚　战

【原文】

　　凡与敌战，不可恃己胜而放佚[1]，当益加严厉以待敌，佚而犹劳。法曰：有备无患。

【注释】

　　〔1〕放佚：这里作放松警惕或放松戒备解。

【译文】

　　凡是对敌作战，不可仰仗自己取得了胜利，就放纵部队而丧失警惕，应当越发严加戒备以等待敌人的再次进攻，做到处于安逸的条件下，仍像在劳困的环境中一样常备不懈。诚如古代兵法所说：有了充分的战争准备，才能避免祸患和失败。

【战例】

　　秦王翦[1]将兵六十万代李信[2]击荆[3]，荆闻王翦益军[4]而来，乃悉国中兵以拒秦。王翦至，坚壁而守之，不肯战。荆兵数挑战，终不出。王翦日休士洗沐[5]，而善饮食抚循之，亲与士卒同食。久之，王翦使人问："军中戏乎？"对曰："方投石超距[6]。"于是，王翦曰："士卒可用。"荆兵数挑战而秦不出，乃引而东。翦因举兵追之，令壮士击，大破荆军。

【注释】

　　〔1〕王翦：战国时期秦国名将。频阳（位于今陕西富平东北）人。
　　〔2〕李信：战国秦将。曾率兵击败燕军，俘虏燕太子丹。
　　〔3〕荆：古代楚国之别称。

〔4〕益军：增加兵力。

〔5〕休士洗沐：休士，使士兵得到休整。洗沐，谓沐浴休息。

〔6〕投石超距：古代军中的习武练功活动。投石，投掷石弹。超距，跳越障碍。

【译文】

秦国王翦率领六十万秦军代替李信去攻击荆楚。楚君得知王翦所率军队比上次李信所率更多，就调动全国军队以对付秦军。可是，王翦到了与楚军对阵的地方，却坚壁守营，不肯交战。荆楚军队多次向秦军挑战，秦军总是不出来应战。王翦下令每天让士兵休整，让他们洗澡而且给他们改善伙食，予以多方面关怀，王翦自己也与士兵一起吃饭。过了一段时间，王翦让人问："各营士兵在嬉戏着什么？"下属的人看了之后报告说："士兵们正在投石和跳远。"听了以后，王翦说："这样的士兵可以用来对楚军作战了。"楚军屡加挑战而秦军不出，就向东转移。王翦趁机下令追击，让精锐的秦军士兵进攻，大败楚军。

五十七、胜　战

【原文】

凡与敌战，若我胜彼负，不可骄惰，当日夜严备以待之。敌人虽来，有备无害。法曰：既胜若否。

【译文】

凡是对敌作战，如果我们打了胜战，不可滋长骄傲和麻痹情绪，要时刻加强警戒，严防敌人。这样，敌人来攻时，我们也是有备无害的。兵法说：打了胜仗，也要像没胜之前一样慎重戒备。

【战例】

秦二世时[1]，项梁使沛公[2]、项羽别攻城阳[3]，屠之；西破秦军濮阳东[4]。秦兵收入濮阳。沛公、项羽攻定陶[5]，因西略地至雍丘[6]，再破秦军，斩李由[7]，还攻外黄[8]，项梁益轻秦，有骄色。宋义进谏于梁曰："战胜而将骄卒惰者败，今卒稍惰矣；而秦兵日益，臣为君畏之。"梁弗听，而使宋义于齐。义道遇齐使者高陵君，曰："公将见武信君[9]乎？"曰："然。"曰："今武信君军必败，徐行即免死，疾行则及祸。"秦果悉起兵益章邯，击楚军，大败之，项梁死。

【注释】

〔1〕秦二世：名胡亥，始皇少子。始皇死后，在赵高、李斯等人的扶助下继承皇位。后三年，二世为赵高所杀。

〔2〕沛公：即汉高祖刘邦。初时起兵于沛，称沛公。

〔3〕城阳：地在今山东菏泽县东北六十里。

〔4〕濮阳：今河南濮阳县南。

〔5〕定陶：秦所置县。故治所在山东定陶县西北四里。

〔6〕雍丘：今河南杞县。

〔7〕李由：秦将。丞相李斯的儿子，任三川郡郡守。

〔8〕外黄：地名，在今河南杞县东北六十里。

〔9〕武信君：即项梁。

【译文】

秦二世时，项梁派刘邦、项羽率军进攻城阳，城破之后，屠杀了城中的居民。而后，率部西进，在濮阳东杀败秦军，把秦军逼进濮阳城。刘、项又进军定陶，未能攻破；沿路攻取城邑，直达雍丘，再次打败秦军，斩杀守将李由，回兵途中又攻下外黄。由于节节胜利，项梁滋长了轻敌思想，露出了骄傲情绪。宋义劝项梁："取得了一定的胜利将领就骄傲起来，必使士兵轻敌松懈，必败无疑。现在我军有这些苗头，秦军又正在增加兵力，我深为将军担心。"项梁不听劝诫，让宋义出使齐国，宋义在路上碰到齐国使者高陵君，说："你是去拜见武信君吧？"高陵君点头称是。宋义接着说："现在我认为武信君必定会打败仗，你可行动迟缓些以免遭杀身之祸，如果快了就会遭受祸害连累。"秦国果然增派兵力支援章邯部队，进攻项梁，项梁部队大败，项梁战死。

五十八、败　战

【原文】

　　凡与敌战，若彼胜我负，未可畏怯，须思害中之利，当整励器械，激扬士卒，候彼懈怠而击之，则胜。法曰：因害而患可解也。

【译文】

　　凡是对敌作战，如果敌胜我败，不要恐慌，要想到害中还存在有利的一面，应当整顿武器装备，激励士气，等待敌人攻势过后而产生松懈状态，立刻进攻，一定能胜。兵法说：充分考虑有害的条件，才能防止发生意外。

【战例】

晋末，河间王颙[1]在关中，遣张方讨长沙王，方率众自函谷入屯河南。惠帝[2]遣左将军皇甫商拒之，方潜军破商，遂入洛阳。商奉帝命讨方于城内，方军望见乘舆，于是稍却，方止之不可得，众遂大败，杀伤满衢巷。方退壁于十三里桥，人情挫衄[3]，无复固志，多劝方夜遁。方曰："兵之利钝[4]是常事，贵因败以为成耳。我更前作垒，出其不意，此兵法之奇也。"乃夜潜进逼洛阳城七里。商既新捷，不以为意，忽闻方垒成，乃出战，遂大败而还。

【注释】

〔1〕河间王颙：即司马颙，司马懿之侄孙。
〔2〕惠帝：即西晋惠帝司马衷，司马炎之次子。
〔3〕衄：损伤，受到严重打击。
〔4〕利钝：此谓胜利或失败。

【译文】

西晋末年，河间王司马颙在关中，派张方攻打长沙王司马乂。张方率领大军刚进入河南境内，晋惠帝派左将军皇甫商前来截击。张方暗中偷袭并打败皇甫商进入洛阳。皇甫商根据惠帝命令在城里同张方展开激战，张方的部队远远望见皇帝的乘舆，马上后撤。张方阻止不住，部队立刻溃败，大街小巷到处扔下不少的伤员。张方后撤驻扎在十三里桥，将士的情绪不高，没有什么斗志。很多人劝说张方乘夜撤走。张方说："胜败乃是兵家之常事，可贵的是转败为胜。此时我军更要把阵地向前移，打他个措手不及，这才是用兵的奇谋。"当夜他把部队悄悄向前，集中在靠近洛阳只有七里的地方。皇甫商因为刚打了胜仗，丝毫没有防备，突然发觉张方的营垒已经修成，匆忙出战，但是被打得大败而逃。

五十九、进　战

【原文】

凡与敌战，若审知敌人有可胜之理，则宜速进兵以捣之，无有不胜。法曰：见可则进。

【译文】

凡是对敌作战，如果察知有战胜的把握，就应当迅速出兵进攻它，这样没有不胜利的。兵法说：发现有可胜之机，就迅速发动进攻。

【战例】

　　唐，李靖[1]为定襄道行军总管，击破突厥。颉利可汗[2]走保铁山，遣使入朝谢罪，请举国归附。靖往迎之。颉利虽外请朝谒，而内怀迟疑。靖揣知其意，时诏遣鸿胪卿[3]唐俭等慰谕之。靖谓副使张公谨曰："诏使到虏，彼必自安，若万骑赍二十日粮，自白道袭之，必得所欲。"公谨曰："上已与约降，行人在彼，奈何？"靖曰："机不可失，韩信所以破齐也。如唐俭辈何足惜哉！"督兵疾进，行至阴山，遇其斥候千余，皆俘以随军。颉利见使者，大悦，不虞官兵。李靖前锋乘雾而行，去其牙帐[4]七里，颉利始觉，列兵未及阵，靖纵兵击之，斩首万余级，俘男女十余万，擒其子叠罗施，杀义成公主[5]。颉利亡去，为大同道行军副总管张宝相擒以献。于是斥地自阴山北至大漠矣。

【注释】

〔1〕李靖：唐初军事家。京兆三原（今属陕西）人。精熟兵法，封卫国公。
〔2〕颉利可汗：唐朝时东突厥可汗。姓阿史那氏，名咄苾。追赠归义王。
〔3〕鸿胪卿：官名。鸿胪寺之长官，掌宾客及凶仪之事。
〔4〕牙帐：将军之帐，中军大帐。帐门用象牙做装饰物，故名。
〔5〕义成公主：隋朝皇室之女，曾四嫁胡主。

【译文】

　　唐朝，李靖任定襄道行军总管时，大败突厥。颉利可汗逃到保铁山以后，特派专使到唐朝廷请罪，请求举国归降。朝廷也专派李靖前往迎接。颉利虽然对唐请求朝见，但心里却是犹豫徘徊。李靖猜到他的心意，当时正是朝廷派鸿胪卿唐俭等去安抚的时候。李靖对副将张公谨说："等到派的诏使到达，他必定很快安下心来，如果立刻派出一万骑兵带二十天的粮食，从白道进行偷袭，我们一定能得到我们想要的。"张公谨问："皇上已经答应颉利投降，特使也在那边，怎么办？"李靖说："不能失去时机，这是韩信能打败齐国的原因，像唐俭等辈也没有什么可惜之处。"说完立刻派兵出发，经过阴山，遇到敌方侦察队一千多人，把他们全都俘获随队一起行动。当颉利看见唐朝特使到来，十分高兴，对唐军毫无戒备。李靖的先头部队在大雾掩护中，迅速行进，离颉利大帐还有七里

李靖

百战奇略

路程，颉利才发觉，想指挥部队抵抗为时已晚，士兵还没有排成阵式，李靖发起了总攻，杀死突厥兵一万多人，活捉男女俘虏十余万人，还捉到颉利的儿子叠罗施，杀死了义成公主。颉利虽然逃走，但是被大同道行军副总管张宝相捉住送来。于是唐由此扩大疆界，从阴山以北直到大沙漠。

六十、退　战

【原文】

凡与敌战，若敌众我寡，地形不利，力不可争，当急退以避之，可以全军。法曰：知难而退。

【译文】

凡是对敌作战，如果敌众我寡，地形又对我不利，尽最大力量仍然不可能争得胜利，就应当迅速撤退以避开敌军，这样可以保全自己的军队。兵法说：知道难以取胜就赶快撤退。

【战例】

三国魏将曹爽[1]伐蜀，司马昭同行出骆谷[2]，次于兴势[3]。蜀将王平[4]乘夜袭击，昭令坚卧不动，平退。昭谓诸将曰："费祎[5]据险拒守，进不获战，攻之不可，宜急旋军，以为后图。"爽等遂退，祎果驰兵趋三岭[6]争险，爽等潜师越险，乃得过。

【注释】

〔1〕曹爽：曹操之侄孙。字昭伯。
〔2〕骆谷：狭谷名。位于今陕西周至县西南，谷长四百余里，地势险要。
〔3〕兴势：即兴势山，位于今陕西洋县北。
〔4〕王平：三国蜀将。巴西宕渠（位于今四川渠县东北）人，字子均。
〔5〕费祎：蜀将。江夏鄳县（位于今河南信阳东北）人，字文伟。
〔6〕三岭：即沈岭、衙岭、分水岭。均在今陕西周至西南的骆谷中。

【译文】

三国时期，魏将曹爽进攻蜀国，司马昭与曹爽同行。军队通过了骆谷，随后到达兴势岭。蜀将王平乘夜色偷袭魏营，司马昭下令坚壁防守不准出战，王平退兵。司马昭又对众将领说："现在费祎占据着险要地形进行防守，我军向前也不能交战，进攻又不能速战速决，应立即把部队调回，再作打算。"于是曹爽等率兵后撤。费祎果然领兵急速驰向三岭，抢占险要地形。曹爽等偷偷地率军队绕过了险地，才得以退回。

六十一、挑 战

【原文】

　　凡与敌战，营垒相远，势力相均，可轻骑以挑之，伏兵以待之，其军可破。若敌用此谋，我不可以全军击之。法曰：远而挑战，欲人之进也。

【译文】

　　凡是对敌作战，如果两军营垒距离比较远，力量对比也差不多，可派轻骑兵去挑逗敌军，诱使他们出兵追杀，同时在路边设下重兵埋伏，待其追时一举歼灭敌军。如果反过来，敌人来诱使我军，我军不要全部出动。兵法说：敌军远道而来挑战我们，就是诱使我们出兵前进。

【战例】

　　十六国姚襄[1]据黄洛[2]，苻生[3]遣将苻黄眉[4]、邓羌等率步骑讨襄[5]。襄深沟高垒，固守不战。邓羌曰："襄性刚愎，易以挠动，若长驱一行，直压其垒，襄必忿而出敌，可一战而擒也。"黄眉从之。遣羌率骑三千，军于垒门。襄怒，尽锐出战。羌伪不胜，率骑而退。襄迫之于三原[6]，羌回拒襄，而黄眉至，大战，斩之，尽俘其众。

【注释】

〔1〕姚襄（？—375）：十六国时羌族首领。南安赤亭（今甘肃陇西西）人。
〔2〕黄洛：地名。在今河北滦县。
〔3〕苻生（335—357）：十六国时前秦国君。字长生。氐族。苻健第三子。
〔4〕苻黄眉：前秦将领。苻健之子。封广平王。
〔5〕邓羌：前秦骁将。安定（今甘肃定西）人。因战功累进并州刺史。
〔6〕三原：今陕西三原东北。

【译文】

　　十六国时期，姚襄割据黄洛地区，前秦国君苻生派苻黄眉、邓羌等率步骑进攻姚襄。姚襄凭借深沟高垒，固守不战。邓羌献策说："姚襄此人为人任性固执，容易被激怒，我们如果派一支部队假装声势浩大地去进攻他，兵临城下，他必定出兵迎战，我们就可以活捉了他。"符黄眉同意邓羌的意见，派邓羌率领三千骑兵，抵达敌城下声称决战。姚襄果然大怒，率全部兵力出城迎战，邓羌假装抵挡不过，向后撤退，姚襄率军追杀，追到三原时，邓羌返回迎击姚襄，符黄眉带伏兵也杀过来，两军激战，结果杀死了姚襄，他的士兵也全部被俘。

六十二、致 战

【原文】

凡致敌来战，则彼势常虚；不能赴战，则我势常实。多方以致敌之来，我据便地而待之，无有不胜。法曰：致人而不致于人。

【译文】

凡是诱使敌人前来应战，那么他们的兵势常处于疲于应付而显得虚弱；不受敌人调动而前往作战，那么我们的兵势往往稳健而充实。要千方百计诱使敌人前来，这样我军预先占据着有利地形，等待敌人，就一定得胜。兵法说：要牵制敌人，而不能被敌人牵制。

【战例】

后汉建武五年，光武诏耿弇[1]，悉收集降附，结部曲，置将吏，弇率骑督尉刘歆、泰山太守陈俊将兵而东。张步闻之，使其将费邑军历下，又令兵屯祝阿，别于泰山、钟城列营数十以待之。弇渡河先击祝阿，拔之，故开围一角，令其众得奔归。钟城人闻祝阿已溃，大恐，遂空壁亡去。费邑分兵，遣其弟费敢守巨里，弇进兵先胁巨里，严令军中趣修攻具，后三日悉力攻巨里城，阴纵生口亡归，以弇期告邑。邑至日果自将精兵来救。弇谓诸将曰："吾所以修攻具者，欲诱致之耳。野兵不击，何以城为！"则分兵守巨里，自帅精锐上冈阪[2]，乘高合战，大破之，斩邑。既而取首级以示巨里，城中惧，费敢亡归张步。弇悉收其积聚，纵兵攻诸未下者，平四十余营，遂定济南。

【注释】

〔1〕耿弇：东汉大将，曾奉命率兵击灭了齐地割据势力张步。

〔2〕冈阪：山脊为冈，山坡为阪；这里作山顶或制高点解。

【译文】

东汉建武五年(29)，光武帝刘秀诏谕耿弇将各地投降和归附的兵士全部召集起来，重新整编，委任将佐。耿弇率领骑兵都尉刘歆、泰山太守陈俊带领这些军队东进。张步得知后，便派部将费邑屯兵历下，又分兵驻守祝阿，此外还在泰山、钟城等处布列营阵几十个以等待耿弇。耿弇首先渡过黄河，进攻祝阿。打下城池后，却故意放开一个缺口，让守敌部众逃走。守卫钟城士兵听说祝阿的军队已经溃败，都十分恐慌，便留下空城而逃。费邑又分兵派他的弟弟费敢防守巨里。耿弇率兵大举进攻，威胁

耿弇

巨里，严令军队赶制攻城的器械，准备三天后全力攻打巨里城。又把城里逃之的人偷偷放走，逃跑的人，将耿弇攻城时间报告费邑。到了那天，费邑果然率领精锐部队前来救援。耿弇对众将领说："我之所以要营造攻城器械，就是要诱敌前来。如果我军不在这次野战中消灭它，难道我们还愿意屯兵城下？"于是分出一部分兵力监视巨里敌兵动向，而自己率领精锐士兵，登上山冈，居高作战，结果大败敌军，斩了费邑。然后取下费邑的首级，把他悬在巨里城外。巨里城里的人都感到恐惧，费敢逃回到张步那里。耿弇缴获了巨里城里的全部物资积蓄，又指挥军队攻打各个还未攻下的地方，扫平敌营四十余座，终于平定了济南。

六十三、远 战

【原文】

凡与敌阻水相拒，我欲远渡，可多设舟楫，示之若近济，则敌必并众应之，我出其空虚以济。如无舟楫，可用竹木、蒲苇、罂缶、瓦囊、枪杆之属，缀为排筏，皆可济渡。法曰：远而示之近。

【译文】

凡是与敌人隔水相对峙，如果我军想从远处渡河，就要多准备船只，并做出想从近处渡河的样子。这样敌军必然集中兵力进行防守，我军就可以从敌人防守薄弱的地方渡河。如果没有船只，可以用竹木、蒲草、芦苇以及罂缶、瓦囊、枪杆等物连接在一起，扎成竹排、木筏，也可以渡河。兵法说：想从远处进攻就要装作从近处进攻的样子。

百战奇略

【战例】

汉初，魏王豹[1]初降汉，复以亲疾请归。至国，即绝其河关，反汉，与楚约和。汉王遣使往说，豹不听。汉以韩信为左丞相击豹。豹陈兵蒲坂，塞临晋[2]。信乃益为疑兵，陈船欲渡临晋；而引兵从夏阳以木罂缶[3]渡军，袭安邑。魏王豹大惊，引兵迎战。信遂虏豹，定魏。

【注释】

〔1〕魏王豹：秦末魏国公子，被楚怀王立为魏王，附属于汉。

〔2〕塞临晋：封锁临晋关。临晋关，又叫蒲关、河关、蒲津关，在今山西永济县西。

〔3〕木罂缶：木桶、瓦盆、大缸之类的器皿。

【译文】

西汉初年，魏王豹刚投降汉朝，以探视母病为由，请求回到魏地。一到魏国，立即封锁了蒲津关，反叛汉朝，并和楚缔结和约。汉王派遣使者前去劝说，魏王豹不听从。于是汉王用韩信作为左丞相领兵讨伐魏王豹。魏王豹将军队陈列在蒲坂一带，封锁了临晋。韩信便在临晋广设疑兵，摆开战船作出要从临晋渡河的样子，实际上却引兵从夏阳用木桶等将军队渡过了河，袭击安邑。魏王豹得悉后大吃一惊，率兵迎战韩信，结果被韩信活捉，于是平定了魏地。

六十四、近　战

【原文】

凡与敌夹水为阵，我欲攻近，反示以远，须多设疑兵，上下远渡，敌必分兵来应，我可以潜师近袭之，其军可破。法曰：近而示之远。

【译文】

凡是对敌隔水相峙，我方意图是从附近攻击，但是反而佯作从远处渡河。必须多方设置疑兵，从上下游远处装作强渡，敌人必定要分兵堵截，这时我可以从近处偷袭，而打败敌人。兵法说：要从近处突击，反而假装从远处用兵。

【战例】

春秋，越人伐吴[1]，吴人御之笠泽，夹水而阵。越人为左右阵，夜鼓噪而进，吴师分以御之。越子[2]以三军潜涉，当吴中兵而鼓之，吴军大败，遂至灭亡。

【注释】

〔1〕越人伐吴：即周敬王四十二年（前478）越王勾践进攻吴国，双方在笠泽展开大战，此为越国灭亡吴国的关键性一战。

〔2〕越子：指越王勾践。

【译文】

春秋时期，越国进攻吴国，吴王夫差率军于笠泽进行防御，而与越军隔笠泽水对阵相抗。越军分兵一部为左右两阵，乘夜擂鼓呼号以吸引吴军注意力，吴军则分兵进行抵御。越王勾践亲率三军主力偷偷从中央近处渡过笠泽水，直奔吴王中军主力而击鼓冲杀过去，吴军猝不及防，结果吴军大败，以至吴国最终被越灭亡。

六十五、水　战

【原文】

凡与敌战，或岸边为阵，或水上泊舟，皆谓之水战。若近水为阵者，须去水稍远，一则诱敌使渡，一则示敌无疑。我欲必战，勿近水迎敌，恐其不得渡。我欲不战，则拒水阻之，使敌不能济。若敌率兵渡水来战，可于水边伺其半渡而击之，则利。法曰：涉水半渡可击。

【译文】

凡是对敌作战，无论在岸边布营设阵，还是在水中用船摆阵，都叫作水战。如果在岸边布阵，必须要离水稍远一点，一可以诱敌渡河，一可以使敌军消除疑虑。如果我军想要出击，就不要在靠近河水的地方迎击敌军，以免敌人疑惑而退兵；如果我方不愿作战，就要紧靠河岸驻兵，迫使敌军不能过河；如果敌军要渡河进攻我们，我们就在岸边等敌军还未全部渡过河时立即进攻，就会胜利。兵法说：让敌人渡河刚过半时立即进行突击。

【战例】

汉郦生[1]说齐下之，齐王[2]日与生纵酒为乐，而罢守备。蒯通说信，遂渡河，袭破齐。齐王以郦生卖己，烹之，而走高密，请救于楚。楚遣龙且将兵救齐。或曰："汉兵远来，其锋难当，齐、楚自居其地，兵易败散。不如深壁，令齐王使其信臣招所亡城，闻其王在，楚来救，必反汉，汉兵客居，其势无所食，可不战而擒也。"龙且曰："吾知韩信为人，易与耳。今若救齐不战而降之，有何功？若战而胜，齐半可得。"遂进兵，与汉军夹潍水而阵。信夜使人囊沙壅水[3]上流，且渡击且，佯败走。龙且喜曰："吾固知信怯。"遂追之。信使人决壅囊，水大至，且军大半不得渡，即击，杀且，且水东军散走亡去，遂平齐。

【注释】

〔1〕郦生：即郦食其，著名的辩士。被刘邦封为广野君。

〔2〕齐王：即田广。

〔3〕壅水：谓堆土阻塞水流。

【译文】

汉朝初年，刘邦派郦食其游说齐国，劝齐王田广与汉约和。齐王整天设宴款待郦食其，而且撤除了防卫部队。这时，蒯通说服韩信，于是渡河突袭齐军，齐国大败。齐王便以为郦食其预谋蒙骗他，把他活活烹死，逃往高密，并向楚国求救。楚王派龙且带援兵救齐。有人对龙且说："汉军到远地顽强作战，它的锋芒难以阻挡，必定拼命作战，而齐、楚军队在自己地盘上战斗，很容易因顾家保命而溃散。我们现在不如坚守不战，让齐王命亲信到沦陷的各

汉高祖刘邦

城招抚将士。城内的人听说齐王还在，而且楚军也来援战，必定反汉。汉军远离两千里之外的后方，我们各城将士都反叛围困汉军，使汉军无军需供应，这样就会不战而胜。"龙且听后说："我完全了解韩信的为人，很好应付。而且我率军救齐，如果不动刀枪汉军就投降，我哪里还有什么功劳？如果战败汉军，我们又可得到齐国的一半疆域，为什么要坚守不战呢？"于是率军进攻汉营，两军在潍河两岸摆开阵势。韩信夜里命士兵做了一万多只袋子，装上河沙堵住上游，又率一半兵力渡河进攻龙且的营垒，没过多久，就装作抵挡不住逃走。龙且大喜，说："我早就料到韩信胆小怕战。"立即率兵追杀汉军。这时，韩信命手下扒开上游的沙袋，大水直冲下来。楚军刚过来一半，其余部队无法渡河。韩信立即率兵冲杀渡过河的楚兵，杀死龙且，河对岸的敌军吓得四处逃窜，于是平定了齐地。

〇九一

六十六、火 战

凡战，若敌人近居草莽，营舍茅竹，积刍聚粮，天时燥旱，因风纵火以焚之，选精兵以击之，其军可破。法曰：行火必有因。

【译文】

凡是对敌作战，如果敌人宿营靠近荒草，并用茅竹构筑房屋，粮草又堆聚在一起，天气又干燥时，可根据风向放火焚烧，再派主力配合攻击，敌军就会被打败。兵法说：火攻一定要有条件。

【战例】

汉灵帝中平元年，皇甫嵩讨黄巾[1]。汉将朱儁[2]与波才战[3]，败。波才遂围嵩于长社[4]，依草结营。会大风，嵩敕军士束炬乘城，使锐卒间出围外，纵火大呼，城上举燎应之。嵩因鼓而奔其阵，军惊乱奔走。会帝遣曹操将兵适至，合战，大破之，斩首级万余。

【注释】

〔1〕皇甫嵩(？—195)：东汉将领。字义真，安定朝那（今甘肃平凉西北）人。

〔2〕朱儁(？—195)：东汉大臣。字公伟，会稽上虞（今浙江上虞）人。

〔3〕波才：东汉末黄巾军将领。

〔4〕长社：县名。秦置，故镇在河南长葛县西。

【译文】

汉灵帝中平元年，皇甫嵩进攻黄巾军。汉朝将领朱儁与波才相遇，朱儁被击败。波才在长社包围了皇甫嵩。波才靠近草地扎营，当时正好有大风，皇甫嵩下令军士手持火把登城，又派精锐士兵冲出城外，纵火并大声呼喊，城上士兵也举起火把响应。皇甫嵩乘势击鼓奔向敌阵，波才军惊慌奔逃。这时正好又赶上灵帝派遣曹操领兵到来，两人合兵作战，彻底击败敌军，杀死一万多人。

六十七、缓 战

【原文】

凡攻城之法，最为下策，不得已而为之。若彼城高池深，多人而少粮，外无援救，可羁縻取之，则利。法曰：其徐如林。

【译文】

凡是攻城之法，是战法中的最下策了，只有在不得已的情况下才使用它。如果敌人城高壕深，且兵多粮少，外无援兵，对于这种守城之敌，可采取钳制笼络的计谋夺取它，这样作战对我军有利。兵法说：军队行动舒缓从容时，就像静悄悄的树林一样。

【战例】

十六国，前燕将慕容恪[1]击段龛[2]于广固，围之。诸将请恪急攻，恪曰："有宜缓者。若彼我势均，外有强援，恐有腹背之患，则攻之不得不速。若我强彼弱，外无救援，当羁縻守之，以待其敝。兵法：十围五攻，正谓此也。龛党尚众，未有离心，今凭阻坚城，上下勠力。尽锐攻之，数旬可拔；然杀吾士卒必多矣。要在自为变通耳。"乃为壁垒以守之，终克广固。

【注释】

〔1〕慕容恪：十六国时前燕大臣。字玄恭，昌黎棘城（今辽宁义县西）人。
〔2〕段龛：段辽的侄子。父亲死后，他接收其众，自号齐王，向晋称藩。

【译文】

东晋十六国时期，前燕将领慕容恪率军进攻镇守广固城的东晋镇北将军段龛，并将其包围起来。当时，很多将领都劝慕容恪尽快攻城，但慕容恪却说："作战之情势，有时应当缓战以慢慢制服敌人。如果敌我双方势均力敌，而敌人又有强大的外援，我军怕有遭到敌人腹背夹击的危险，就不能不采取快速攻城战法。如果我军强大而敌人弱小，且敌人又无外援，那么，对于这种守城之敌，则应采取钳制，待他产生疲惫松懈。兵法上所说'有十倍于敌的兵力就包围它，有五倍于敌的兵力就进攻它'，正是讲的这个道理。段龛的部众现在还很多，内部还较团结，目前他们凭据坚城固垒，上下齐心协力地进行防守。如果我们投入全部精锐部队强攻坚城，用几十天时间虽然也可以攻下来，但那样做必将给我们的部队造成很多伤亡。因而要根据敌情灵活运用计谋。"于是慕容恪命令部队构筑工事以围困守城的晋军，最后终于攻占了广固。

六十八、速　战

【原文】

凡攻城围邑，若敌粮多人少，外有救援，可以速攻，则胜。法曰：兵贵神速[1]。

【注释】

〔1〕兵法原文见《孙子·作战篇》。

【译文】

凡是围城攻坚，如果守城之敌粮多兵少，且有外援，可以采取快速进攻战法，就能乘其外援未至而取得胜利。兵法说：用兵进攻，越快越好。

【战例】

三国蜀将孟达[1]降魏，遂领新城太守，未几，复连吴附蜀以叛魏。司马懿潜军进讨，诸将言达与蜀交结，宜观望而后动。懿曰："达无信义，此其相疑之时，当及其未定，促而决之。"乃倍道兼行，八日至其城下。吴、蜀各遣将救达，懿乃分兵拒之。初，达与诸葛亮书曰："宛[2]去洛[3]八百里，去吾一千二百里，闻吾举事，表上天子，比相往反时，一月间也，则吾城已固，诸将足办。吾所在深险，司马公必不自来；诸将来，吾无患矣。"及兵到，达又告亮曰："吾举事八日，而兵至城下，何其神速也！"上庸[4]城三面阻水，达于外为木栅以自固。懿渡水，破其栅，直造城下，旬日，李辅[5]等斩达首，开门以降。

【注释】

〔1〕孟达：字子度，一字子敬。初事刘璋，后归刘备。
〔2〕宛：即宛县。三国魏南阳郡治所，位于今河南南阳。
〔3〕洛：即洛阳。
〔4〕上庸：县名。位于今湖北竹山西南。
〔5〕李辅：孟达部将。司马懿攻上庸城时，他与邓贤合谋杀掉孟达后开城投降。

　　三国时，蜀将孟达投降了魏国，魏国任他为新城太守。不久，又叛魏联吴，重新回归蜀国。司马懿于是暗中调遣军队，准备讨伐。部下将领说："孟达和蜀国往来十分密切，应当观察一下，然后再作决策。"司马懿说："孟达此人向来没有信义，现在他们正处于相互猜忌之时，应当乘其举棋未定，果敢出兵予以解决。"于是昼夜行军，到达新城。这时吴国和蜀国都派兵前来增援，司马懿立刻分兵防守。开始时，孟达写信给诸葛亮说："宛城距洛阳八百里，但离新城有

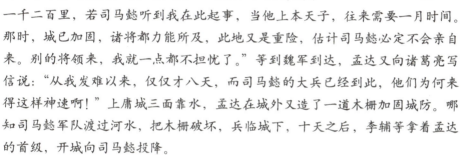

一千二百里，若司马懿听到我在此起事，当他上本天子，往来需要一月时间。那时，城已加固，诸将都力能所及，此地又是重险，估计司马懿必定不会亲自来。别的将领来，我就一点都不担忧了。"等到魏军到达，孟达又向诸葛亮写信说："从我发难以来，仅仅才八天，而司马懿的大兵已经到此，他们为何来得这样神速啊！"上庸城三面靠水，孟达在城外又造了一道木栅加固城防。哪知司马懿军队渡过河水，把木栅破坏，兵临城下，十天之后，李辅等拿着孟达的首级，开城向司马懿投降。

六十九、整　战

【原文】

　　凡与敌战，若敌人行阵整齐，士卒安静，未可轻战，伺其变动击之，则利。法曰：无邀正正之旗[1]。

【注释】

　　〔1〕邀：邀战，进攻。

【译文】

　　凡是对敌作战，如果敌人队伍和阵容严整，官兵安稳平静，就不能轻率进攻，而要等敌军有变动时才可出击，这样才能胜利。兵法说：不要去进攻旗帜整齐而有戒备的敌人。

【战例】

　　三国魏司马懿征公孙渊[1]，懿泛舟潜济辽水，作围，弃城而向襄平[2]。诸将曰："不攻城而作围，非所以示众。"懿曰："贼坚营高垒，欲以老吾军也。攻之，正堕其计。贼大众

在此，其巢穴空虚，我直指襄平，必人怀内惧，惧而求战，破之必矣。"遂整阵而过。贼见兵出其后，果邀之，乃纵兵逆击，大破之。

【注释】

〔1〕公孙渊：魏明帝时任辽东太守、大司马，后叛魏自立为燕王，被司马懿攻杀。

〔2〕襄平：三国魏辽东郡郡治，在今辽宁辽阳，公孙渊据此自立为燕王。

【译文】

三国时，魏将司马懿进攻公孙渊。司马懿军乘船偷渡辽河，公孙渊派人构筑了二十余里的防御阵地，司马懿不攻这边，却先引军直指襄平城。魏军将领说："敌人怕我进攻而作围城，这并不表示他兵力强大。"司马懿说："敌方所以构筑坚固阵地和高垒防守，就是企图拖垮我军体力和士气，如果攻击，正中他的计谋。敌兵主力集中于此，而他的后方必定薄弱，如果直接进攻敌心脏——襄平，敌人惊恐，非出战不可，那时必定打败他们。"于是命令大军整队沿敌营垒不远处通过，敌人发现了，果然仓皇赶来堵截。司马懿指挥大军进行逆袭，大败敌军。

七十、乱 战

【原文】

凡与敌战，若敌人行阵不整，士卒喧哗，宜急出兵以击之，则胜。法曰：乱而取之〔1〕。

【注释】

〔1〕乱：混乱，此指趁敌混乱。

【译文】

凡是对敌作战，如果敌军布阵杂乱，士兵嘈嘈嚷嚷，就要迅速袭击他们，必胜无疑。兵法说：对混乱之敌，我军就立即歼灭他们。

【战例】

唐段志玄〔1〕从刘文静〔2〕拒屈突通于潼关。文静为通将桑显和所败，军营已溃。志玄率二十骑赴之，击杀数十人而还，还为流矢中足，虑众心动，忍而不言，更入贼阵者再三。显和军乱。志玄兵势因而复振，通兵大败。

【注释】

〔1〕段志玄：唐初李世民部将，临淄人，骁勇善战，屡立战功，卒谥壮肃。

〔2〕刘文静：彭城人，世居京兆武功，隋末任晋阳令，与李世民关系密切，共谋促使李渊起兵反隋。拒屈突通时，段志玄为其部下。

【译文】

唐将段志玄随同刘文静率军于潼关抵抗隋将屈突通的进攻。刘文静所部被屈突通的部将桑显和打败，军队已经溃散。这时，段志玄率领二十名骑兵赶来救援，奋力冲杀，斩杀隋军数十人；而返还军营时，其脚部为敌人乱箭射伤。因害怕引起部众情绪波动，段志玄不但忍受伤痛不说，而且又三番五次地率先冲入敌阵，奋力拼杀，致使桑显和部队大乱。段志玄所部士气因而重新振作，最终屈突通的兵马大败。

七十一、分　战

【原文】

凡与敌战，若我众敌寡，当择平易宽广之地以胜之。若五倍于敌，则三术为正，二术为奇。三倍与敌，二术为正，一术为奇。所谓一以当其前，一以攻其后。法曰：分不分为縻军[1]。

【注释】

〔1〕分：分散，此指分散兵力。

【译文】

凡是对敌作战，如果我军兵多而敌军兵少时，应当选择平坦开阔的地域来战胜敌人。如果兵力对比我五倍于敌时，就要分兵以三份兵力为"正兵"进攻敌人正面，以二份的兵力为"奇兵"进攻敌人侧后；如果兵力对比我三倍于敌时，就要分兵以二份的兵力为"正兵"进攻敌人正面，以一份的兵力为"奇兵"进攻敌人侧后。这种分兵击敌的进攻部署，就是所谓一边从正面展开进攻，一边则攻其侧后。兵法说：应当分散使用兵力时而不分散兵力，就成为自己束缚自己的縻军了。

【战例】

梁将陈霸先[1]、王僧辩讨侯景[2]，军于张公洲，高旌巨舰，截江蔽空，乘潮顺流。景登石望之，不悦曰："彼军士有如是之气，不可易也。"帅铁骑万人，鸣鼓而前。霸先谓僧辩："善用兵者，如常山之蛇，首尾相应。贼今送死，欲为一战。我众彼寡，宜分其势。"僧辩从之。以劲弩当其前，轻锐蹂其后，大阵冲其中，景遂大溃，弃城而走。

【注释】

〔1〕陈霸先：即南朝陈武帝。南朝陈的建立者。

〔2〕侯景：南朝梁武帝时降将。字万景，怀朔镇（今内蒙古包头东北）人。

【译文】

陈霸先

南北朝时期，南朝梁将陈霸先和王僧辩率军进攻侯景，进抵于张公洲。梁军巨大战舰上旌旗高高飘扬，船只塞满了江河、遮蔽了天空，乘潮顺流沿江浩荡而下。侯景登上石头城，望见梁军舰船的磅礴气势，不高兴地说："敌军有如此雄威气势，不可轻视他们啊。"于是侯景亲率精锐骑兵万人，擂动战鼓而向前迎战。陈霸先见状对王僧辩说："善于用兵打仗的人，能把部队指挥得如同常山之蛇那样，首尾可以互相呼应。敌人现在前来送死，妄想一战取胜。我军众多而敌军兵少，我们应当采取分兵击敌的战法去打击敌人。"王僧辩听从了陈霸先的意见。梁军以一支配有强劲弓弩的部队迎战敌人正面，以轻捷精锐骑兵袭击敌人侧后，而以主力部队冲击敌军中央，侯景的部队很快被击溃，他立刻丢下城池仓皇地逃走了。

七十二、合 战

【原文】

凡兵散则势弱，聚则势强，兵家之常情也。若我兵分屯数处，敌若以众攻我，当合军以击之。法曰：聚不聚为孤旅[1]。

【注释】

〔1〕聚：聚集，此指集中兵力。

【译文】

凡是兵力分散，战斗力就薄弱；集中兵力，战斗力就强大，这是兵家的正常情况。如果我军队伍分驻几个地方，敌人大举进攻我们，应迅速集结部队迎战。兵法说：应集中兵力时而不集中，那就成了孤军。

【战例】

开元[1]时，吐蕃[2]入寇，报新城[3]之役，晨压官军，众寡不敌，师人皆惧。王忠嗣[4]策马而进，左右驰突，如此无不辟易[5]，出而复合，杀数百人，贼众遂乱。三军翼而击之，吐蕃大败。

【注释】

〔1〕开元：唐玄宗李隆基的年号。
〔2〕吐蕃(bō)：中国古代藏族政权名。公元7至9世纪，建立于青藏高原。
〔3〕新城：地名。在今青海门源。
〔4〕王忠嗣：唐将。太原祁县(今属山西)人。
〔5〕辟(bì)易：谓退避；惊退。

【译文】

唐代开元时期，吐蕃军进犯。唐军与吐蕃军在新城作战。吐蕃军仗其军力多抢先向唐军摆下压阵之势，唐军人少兵力不敌，全军的人都很恐慌。唐将王忠嗣策马进击，在敌军阵内左右奔驰冲荡，所到之处，敌人都躲避。他冲进又冲出，并与己方兵力会合，施行攻击，共杀敌数百人，吐蕃军就溃乱了。接着，趁敌混乱，唐军三军会合作为王忠嗣所率部队的两翼一起掩杀过去，吐蕃军大败。

七十三、怒 战

【原文】

凡与敌战，须激励士卒，使忿怒而后出战。法曰：杀敌者，怒也[1]。

【注释】

〔1〕怒：愤怒，激怒。

【译文】

凡是对敌作战，必须激励部队士气，使他们对敌人充满忿怒和仇恨，然后再出战杀敌。兵法说：要使将士奋勇杀敌，就要激励将士同仇敌忾。

【战例】

汉光武建武四年，诏将军王霸[1]、马武[2]讨周建[3]于垂惠。苏茂将兵四千余救建，先遣精骑遮击[4]马武军粮，武

百战奇略

〇九九

往救之。建于城中出兵夹击武，武恃霸援，战不甚力，为茂、建所败，过霸营，大呼求救。霸曰："贼兵势盛，出必两败，努力而已。"乃闭营坚壁。军吏皆争之，霸曰："茂兵精锐，其众又多，吾吏士心恐，而与吾相恃，两军不一，败道也。今闭营坚守，示不相救，彼必乘势轻进；武恨无救，则其战当自倍。如此，茂众疲劳，吾乘其敝，乃可克也。"茂、建果悉兵出攻武，合战良久，霸军中壮士数十人断发请战。霸乃开营大出，精骑袭其背。茂、建前后受敌，遂败走之。

【注释】

〔1〕王霸：东汉大将。字元伯，颍川颍阳（今河南许昌西）人。

〔2〕马武：东汉将领。字子张，南阳湖阳（今河南唐河南）人。

〔3〕周建：反汉的割据势力。

〔4〕遮击：谓阻击，拦截。

【译文】

东汉建武四年(28)，光武帝刘秀下诏派将军王霸与捕虏将军马武率军讨伐割据于垂惠的周建。苏茂率领四千余兵前来援救周建，事先派出骑兵主力部队突然截断马武的军粮，马武得悉遂率兵前去救援。这时，周建从垂惠城中出兵与苏茂前后夹击马武；马武依赖有王霸为援，作战不力，结果被苏茂、周建打败。马武率众溃逃经过王霸营垒时，大声疾呼地请求救援，但王霸回答说："敌人兵力强盛，我如出援，连同你们必将两败俱伤，你们还是自己努力奋战吧！"说完，就关闭营门坚守不出。王霸的部下都力争出援马武，王霸解释说："苏茂军都是精兵锐骑，而且人数又多。我军官兵心怀恐惧，缺乏信心，如果参战两军配合不利，非败不可。现在我部闭营固守，以示互不相救，敌人必定乘胜贸然轻进；马武所部

持铜骑士俑

在外无救援可以依赖的形势下，一定会加倍努力进行战斗。这样，苏茂部队就会疲惫，我军乘其困敝不堪之时再出兵袭击，就可以打败它。"苏茂、周建果然出动全部兵力进攻马武，双方混战很长时间，王霸所部有数十名士兵断发向他请求出战。王霸于是就打开营门，出动精锐骑兵突袭敌人背后。苏茂、周建部队在汉军的前后夹击之下，大败而逃。

七十四、气 战

【原文】

凡将之所以战者兵也，兵之所以战者气也，气之所以胜者鼓也。能作士卒之气，则不可太频，太频则气易衰；不可太远，太远则力易竭。须度敌人之至六七十步之内，乃可以鼓，令士卒近战。彼衰我胜，败之必矣。法曰：气实则斗，气夺则走[1]。

【注释】

〔1〕气实：指士气高涨。气夺：指士气低落。走：撤退。

【译文】

大凡主将之所以能实施作战，是因为有军队，军队赖以攻战的是士气，士气之所以高昂是击鼓激励的结果。鼓起官兵的士气，就不能太频繁，太频繁了士气就容易衰竭，也不可太远，太远则力气容易耗尽。必须把握着离敌人六七十步之内，才可以击鼓，命令官兵待敌人靠近时作战。这时敌衰我盛，就一定能打败他。兵法说：士气高涨的时候就战斗，士气低落的时候就撤退。

【战例】

春秋，齐伐鲁。庄公将战[1]，曹刿请从[2]，公与之同乘，战于长勺[3]。公将鼓之，刿曰："未可。"齐人三鼓，刿曰："可矣。"齐师败绩。公问其故，对曰："夫战，勇气也。一鼓作气，再而衰，三而竭。彼竭我盈，故克之。"

【注释】

〔1〕庄公：鲁庄公。桓公之子，名同，在位十三年。
〔2〕曹刿：即曹沫。春秋时鲁国武士。庄公十年（前684），在长勺献策而败齐军，成为中国战史上有名的以弱敌强的战例。
〔3〕长勺：在今山东曲阜县北。

【译文】

春秋的时候，齐国军队进攻鲁国，鲁庄公将要迎战，曹刿请求一起前往。庄公与他同乘一辆车，和齐军在长勺相遇。庄公想击鼓进攻，曹刿说："不行。"齐国军队三通鼓过，曹刿说："可以进攻了。"鲁军击鼓，大败了齐军。庄公问他原因，曹刿答说："作战，靠的是勇气。一鼓时激起了勇气，二通鼓有些松劲，等三鼓时气就泄了。敌人气已泄尽，我军的气刚刚鼓足，所以打败了他们。"

七十五、归　战

【原文】

凡与敌相攻，若敌无故退归，必须审察。果力疲粮竭，可选轻锐蹑之。若是归师，则不可遏也[1]。法曰：归师勿遏。

【注释】

〔1〕遏：遏制，阻击。

【译文】

凡是对敌战斗，如果敌人无缘无故地突然退走，就必须认真查明其原因。敌人果然因为力衰粮尽而撤退的话，就可以选派轻装精锐部队跟踪追击它。倘若敌人是撤退回国，那么，就不要轻率地拦击它。兵法说：对于退归本国的敌人，不要轻率地去阻击拦截它。

【战例】

汉献帝建安三年，曹操围张绣[1]于穰，刘表[2]遣兵救之。绣到安众守险，以绝军后。操军前后受敌，夜乃凿险伪遁，伏兵以待。绣悉兵来追，操纵奇兵夹攻，大破之。操谓荀彧曰："敌遏吾归师，而与吾死地战，吾是以胜矣。"

【注释】

〔1〕张绣：东汉末武威祖厉（今甘肃靖远西南）人。董卓部将张济侄。济死，他继领其众，屯兵宛城（今河南南阳）。后降曹操，大败袁绍。最终死于征途。

〔2〕刘表：东汉末山阳高平（今山东鱼台东北）人。字景升。远支皇族。任荆州刺史，后为荆州牧，封成武侯。在赤壁之战前病死。

【译文】

东汉末，汉献帝建安三年（198），曹操围攻张绣于穰城，刘表派兵前来救援。张绣屯兵于安众县境，凭险固守，准备截断曹操的退路。曹军腹背受敌，便趁夜凿险开道伪装逃跑，但是暗中却埋伏了奇兵。张绣认为曹操突围逃跑，派出全部兵力追赶。曹操回军和奇兵前后夹击，大败张绣的军队。曹操对荀彧说："敌人想拦截我们的返国部队，而我军则是处于死地而战，所以我军必胜。"

七十六、逐　战

【原文】

　　凡追奔逐北，须审真伪。若旗齐鼓应，号令如一，纷纷纭纭[1]，虽退走，非败也，必有奇也，须当虑之。若旗参差而不齐，鼓大小而不应，号令喧嚣而不一，此真败却也，可以力逐。法曰：凡从勿怠，敌人或止于路，则虑之[2]。

【注释】

　　〔1〕纷纷纭纭：原指旌旗杂乱之状，在这里则是形容部队众多貌。

　　〔2〕虑：考虑，警惕。

【译文】

　　凡是追逐逃敌，必须弄清真假。假若旗帜鼓声，整齐一致，人多纷纭，装作乱状，虽是撤退，不是真败，必定埋伏奇兵，应当警惕。假若旗鼓混乱，号令呼叫不一，这才是真正败退，可用全力追击。兵法说：凡是追击就不要间歇，如果敌人又在路上停留，那就应当特别警惕。

【战例】

　　唐武德元年，太宗[1]征薛仁杲[2]，其将宗罗睺[3]拒之，大破于浅水原[4]。太宗帅骑追之，直趋高墌围之。仁杲将多临阵来降，复还取马，太宗纵遣之。须臾，各乘马至。太宗具知仁杲虚实，乃进兵合围。纵辩士[5]喻以祸福，仁杲遂降。诸将皆贺，因问曰："大王破敌，乃舍步兵，又无攻具，径薄[6]城下，咸疑不克，而卒下之，何也？"太宗曰："此权道[7]也。且罗睺所将皆陇外人，吾虽破之，然斩获不多。若缓之，则皆入城，仁杲收而抚之，未易克也；迫之，则兵散陇外，高墌自虚，仁杲破胆，不暇为谋，所以惧而降也。"

【注释】

　　〔1〕太宗：即唐太宗李世民。

百战奇略

一〇三

〔2〕薛仁杲：一作"薛仁果"。唐初割据势力薛举之子。

〔3〕宗罗睺：薛仁杲的部将。

〔4〕浅水原：地名。故址在今陕西长武西北。

〔5〕辨士：能言善辩之士。辨，通"辩"。

〔6〕径薄：一直逼近。径，直接；一直。薄，逼近；靠近。

〔7〕权道：临机应变之法。

【译文】

　　唐朝武德元年（618），李世民进攻薛仁杲，薛将宗罗睺在防御中，被唐军击败于浅水原。李世民带领骑兵进行追击，一直追到高墌，并进行合围。薛仁杲的部分将领，不少是在临战时投降的，他们又表示要回去骑自己的战马，李世民把他们放回去。一会儿，他们又骑马返回。因而李世民对于敌情了若指掌，就下令进兵合围。他同时派能讲的人晓以利害关系，薛仁杲马上投降了。

李世民

唐将乘庆贺胜利时向李世民说："大王这次击败敌人，未用步兵，又无攻城器械，兵临城下，开始我们还怀疑坚城难克，可是在您的指挥下，竟然很快击败敌人，这是因为什么？"李世民说："这是掌握了用兵的权道。而且因为罗睺所率领的大部都是陇外人，我军虽然打败他们，但是打死和俘虏的却不多。假若不迅速进攻就会全都逃进城去，薛仁杲再加以安抚整顿，就难以攻破了。如果立刻进攻，就会击溃他们而且向陇外逃去，这样高墌城内自然空虚。薛仁杲也吓破了胆，又来不及想出新的计谋，他们异常恐慌，就不得不来投降了。"

七十七、不　战

【原文】

　　凡战，若敌众我寡，敌强我弱，兵势不利；彼或远来，粮饷不绝，皆不可与战。宜坚壁持久以敝之[1]，则敌可破。法曰：不战在我。

【注释】

　　〔1〕敝：疲敝，衰败。

【译文】

　　凡是作战，如果敌众我寡，敌强我弱，作战形势对我们非常不利；或是敌军远道而来，可是粮草却供应不绝，在这些情况下我军都不应同敌交战，应该长期固守营地，等敌军被拖垮之后，再一举歼灭他们。兵法说：不同敌军作战的主动权掌握在我军手中。

【战例】

　　唐武德中，太宗率兵渡河东讨刘武周。江夏王李道宗[1]，时年十七，从军，与太宗登玉壁城观贼阵[2]。顾谓道宗曰："贼恃其众，来邀我战，汝谓何如？"对曰："群贼锋不可当，易以计屈，难以力争。今深沟高垒，以挫其锋。乌合之徒，莫能持久，粮运将竭，当自离散，可不战而擒也。"太宗曰："汝见识与我相合。"果后食尽，夜遁。追入介州，一战败走。

【注释】

〔1〕江夏王李道宗：唐初大臣。字承范，唐高祖李渊堂侄。
〔2〕玉壁城：古城名。在今山西稷山西南。城周八里，四面临深谷。

【译文】

　　唐朝武德年间，李世民率兵渡过黄河，向东进攻刘武周。当时江夏王李道宗年龄只有十七岁，也随军东征，同李世民一起登上玉壁城头观察敌情。李世民回过头来对李道宗说："刘武周依仗实力强大，想同我们交战。你看怎么办呢？"李道宗回答说："刘武周部队依仗已往的胜利，士气旺盛，锐不可挡，我们必须采用计谋打垮他们，很难从实力上与他们相争。目前只有用深沟高垒阻止他们的进攻。况且这群敌匪也不过是乌合之众，纪律涣散，不可能持久作战。等到他们粮草短缺，就会自行瓦解，那时就不经战斗，就可擒敌了。"李世民说："你我看法完全一致！"果然敌军后来粮草耗尽，夜里仓皇而逃。李世民带兵追至介州，只用一次战斗，把敌人彻底打败。

七十八、必　战

【原文】

　　凡兴师深入敌境，若彼坚壁不与我战，欲老我师，当攻其君主，捣其巢穴，截其归路，断其粮草，彼必不得已而须战[1]，我以锐卒击之，可败。法曰：我欲战，敌虽深沟高垒，不得不与我战者，攻其所必救也。

〔1〕彼：对方，此指敌军。

【译文】

凡是出兵深入敌人境内，敌军如果坚壁防守，不与我交战，想疲惫我军，就应当分兵进攻敌军，捣毁他的巢穴，切断他的退路，断绝他的粮草。这样，敌军就必然不得不与我交战。这时，我用精锐兵士攻击，就可以打败敌军。兵法说：我军筹划决战，敌人虽然深沟高垒，也不得不与我交战，因为那是进攻敌人所必须救援的地方。

【战例】

三国魏明帝景初二年，召司马懿于长安，使将兵往辽东讨公孙渊。帝曰："四千里征伐，虽云用奇，亦当任力，不当稍计役费。度渊以何计得策？"懿曰："弃城预走，上计也；拒大军，其次也；坐守襄平，此成擒耳。"曰："三者何出？"懿曰："唯明者能量彼我，预有所弃，此非渊所及也。"曰："往还几日？"对曰："往百日，还百日，攻百日，以六十日为休息，一年足矣。"遂进兵。渊遣将帅步骑数万屯辽燧，围堑二十余里。诸将欲击之，懿曰："此欲老吾兵，攻之正堕其计。此王邑所以耻过昆阳也。彼大众在此，巢穴空虚，直抵襄平，出其不易，破之必矣。"乃多张旗帜，欲出其南，贼尽锐赴之。懿潜弃贼，直趋襄平。贼将战败，懿围襄平。诸将请攻之，懿不听。陈珪曰："昔攻上庸，旬日之半破坚城，斩孟达。今日远来，而更安缓，愚窃惑之。"懿曰："达众少而食支一年；吾将士四倍于达而粮不淹月[1]，以一月较一年，安可不速？以四击一，正令失半而克，犹当为之。是以不计死伤，而计粮也。况贼众我寡，贼饥我饱，而雨水乃尔，攻具不设，促之何为？自发京师，不忧贼攻，但忧贼走。今贼粮垂尽，而围落未合，掠其牛马，抄其樵采，此故驱之走也。夫兵者诡道，善因事变。贼凭恃其众，故虽饥困，不肯束手，当示无能以安之。若求小利而惊之，非计也。"既而雨霁[2]，造攻具攻之，矢石如雨，粮尽窘急，人相食，乃使其将王健、柳甫请解围，当君臣面缚，懿皆斩之。渊突围而走，懿复追及梁水上杀之。辽地悉平。

【注释】

〔1〕淹月：滞留了一个月。

〔2〕霁：雨过天睛。

【译文】

　　三国时期，魏景初二年(238)，明帝召司马懿到长安，派他率兵往辽东进攻公孙渊。明帝说："远出四千里路以外征战，虽说以奇兵取胜，但也要靠实力，也需适宜、妥当的计谋和后方的费用。你看公孙渊会使用什么计策才比较得当呢？"司马懿回答道："公孙渊如果弃城先逃，这是上策；据守辽东，抗拒我大军，这是中策；坐着不动防守襄平城，这就会被我擒获。"明帝问："三种计策中，公孙渊会选哪一种呢？"司马懿回答说："只有深通谋略的人才能知己知彼和分析抉择，这不是公孙渊所能做到的。"明帝问："往返需要多长时间呢？"回答说："去一百天，回一百天，作战一百天，用六十天休息，一年足够了。"司马懿率领大军出发了。公孙渊派大将率步兵和骑兵几万人，驻扎在辽隧，开挖堑壕二十多里长。魏军将领都想进攻，司马懿说："敌人所以构筑坚固阵地防守是想削弱和疲惫我军。攻他，就正好中了他的计，像王邑耻于放过昆阳一样。敌军大部分在这里，巢穴里必然空虚。我现在直接奔襄平，出其不意，必然能攻破城池。"于是，魏军广张旗帜，做出要进攻辽隧以南的样子，敌精锐部队全都奔往那里去了。司马懿偷偷甩开了敌人，径直奔向襄平。城外敌将被打败后，司马懿便包围了襄平。各将领请求攻城，司马懿不听。陈珪说："过去您进攻上庸时，五天之内打破城池，斩杀孟达；现在从这么远的地方来，反而却迟迟缓缓的。在下愚笨，确实疑惑呢！"司马懿说："孟达兵少，而粮食可以支持一年；我们的将士是孟达的四倍，但粮食支持不了一个月。用有一个月粮食的部队攻能支持一年的敌人，怎么能不速战呢？如果是以四击一，即使现在损失一半而能战胜，我也会进攻的。这是不惜牺牲而与敌进行粮食竞赛啊！现在，敌众我寡，敌饥我饱，正逢大雨，我如进攻他不设防的地方，会促使他设防，这有什么益处呢？自打京城出发，我就不忧虑敌军防守，只忧虑敌军逃走。现在敌军粮食已尽，但我包围圈还未合上，如果抢夺他的牛马，拦截他砍柴的樵夫，这就是故意驱使他逃走。用兵，是一种诡诈的道理，全凭善于根据具体事情而变化。敌军凭着兵卒众多，依赖着雨水，虽然饥饿困倦，但仍不会束手投降。所以，当表示无能为力来麻痹它。如果为了小利而惊动他，这不是好计谋。"不久，雨停了，魏

军打造攻城战具。攻城时，箭和石像雨一样飞向城里。公孙渊粮尽，陷入窘境，危急中人吃人，便派将军王建和柳甫去魏营请求投降。司马懿杀了这两人。公孙渊突围向东南逃窜，魏军追到梁水上游，把公孙渊杀死，终于平定了辽东地方。

七十九、避　战

【原文】

凡战，若敌强我弱，敌初来气锐，且当避之，伺其疲敝而击之，则胜。法曰：避其锐气，击其惰归[1]。

【注释】

〔1〕惰：松懈，疲惫。

【译文】

凡是作战，假如敌强我弱，敌人初到，士气正盛，应当暂时避开，等待敌人疲惫之后进攻他就能胜利。兵法说：避开敌人的锐气，等其松懈或打算回归的时候才去进攻他。

【战例】

汉灵帝中平五年，凉州[1] 王国[2] 围陈仓[3]，以皇甫嵩讨之。董卓请速进，嵩曰："百战百胜，不如不战而屈之。是以善用兵者，先为不可胜，以待敌之可胜。陈仓虽小，城守固备，不易拔。王国虽强，攻陈仓不下，其众必疲，疲而击之，全胜之道也。"国攻之终不拔，其众疲敝解去。嵩进兵追击之，卓曰："穷寇勿追，归众勿迫。"嵩曰："不然。"遂独追击而破之。卓由是有惭色。

【注释】

〔1〕凉州：今甘肃及宁夏、青海、陕西等部分地区。

〔2〕王国：东汉汉阳（位于今甘肃天水西北）人。汉灵帝中平三年（186）起兵反汉，自号"合众将军"，为韩遂、马腾等人共推为主。后被皇甫嵩击败于陈仓。

〔3〕陈仓：县名。位于今陕西宝鸡东，当关中、汉中之冲，向为兵家要地。

【译文】

汉灵帝中平五年，凉州王国围攻陈仓，朝廷派皇甫嵩率军讨伐。董卓要求迅速进军，皇甫嵩说："百战百胜，不如不战而使敌人投降。因为善于用兵的人，先造成不可战胜的条件，专门捕捉可能战胜敌人的战机。陈仓虽是一小城，但城池坚固，防守严密，难以攻破。假若王国强攻陈仓不下，他的部队必定疲惫，我乘其疲惫进行反击，这是争取全胜的计谋。"王国围攻陈仓，很长时间没能攻破，他的部队十分疲惫，便撤围而退。皇甫嵩率军从后追击，董卓说："穷寇勿追，归师勿遏。"皇甫嵩说："不能不追。"于是独自率军追击，消灭了王国部队。董卓相形见绌，因此面露惭愧之色。

八十、围　战

【原文】

　　凡围战[1]之道，围其四面，须开一角，以示生路，使敌战不坚，则城可拔，军可破。法曰：围师必缺[2]。

【注释】

　　[1] 围战：指围攻城邑之战。
　　[2] 缺：缺口，出路。

【译文】

　　凡是对敌围困的法则，即使能够四面包围守城之敌，也要虚留一个缺口，以此向敌人显示有逃生之路，从而使敌人守城意志不坚，这样，既可攻进占领城邑，敌军也可被消灭。兵法说：包围敌军时要留有缺口。

【战例】

　　汉末，曹操围壶关，攻之不拔，操曰："城拔，皆坑之[1]。"连月不下。曹仁言于曹操曰："围城必示活门，所以开其生路也。今公告之必死，使人人自为守。且城固而粮多，攻之则士卒伤，守之则延日久。今顿兵坚城下，以攻必死之敌，非良策。"操从仁言，乃拔其城。

【注释】

　　[1] 坑之：挖坑活埋俘虏。

【译文】

　　东汉末年，曹操率军围攻壶关，久攻不克，曹操生气说："城破之日，要将城中人全部活埋！"可是，连攻很多天还是攻不下该城。曹仁向曹操建议说："围攻城邑一定要虚留缺口，以示其有逃生之路，敌人就不会死守了。而今您却告诉他们只有死路一条，这样便迫使他们人人拼死守城。况且该城坚固而粮食充足，如果强攻硬打就会伤亡士卒，继续围困就会旷日持久。目前把部队停留在坚城之下，向不怕死的敌人进攻，这不是好的计策。"曹操听后采纳了曹仁的建议，最后终于迫使敌人投降而进占了壶关城。

八十一、声　战

【原文】

凡战，所谓声者，张虚声也。声东而击西，声彼而击此，使敌人不知其所备[1]。则我所攻者，乃敌人所不守也。法曰：善攻者，敌不知其所守。

【注释】

〔1〕备：防备，防御。

【译文】

凡是作战所谓声战，就是虚张声势迷惑敌军，扬言进攻东面而袭击西面，扬言要袭击这边暗中却攻打那边，迫使敌人无法防御。这样就可做到我方所要进攻的恰是敌军没有防备的地方。兵法说：善于进攻，就能使敌军不知如何防守。

【战例】

后汉建武五年，耿弇与张步相拒[1]。步使其弟蓝[2]将精兵二万守西安[3]，诸郡太守合万余人守临淄，相去四十余里。弇进兵画中[4]，居二城之间。视西安城小而坚，且蓝兵又精；临淄虽大，而易攻，乃敕诸将会后五日攻西安，蓝闻之日夜为备。至期夜半，弇敕诸将皆蓐食，会明，至临淄。护军荀梁等争之，以为宜速攻西安，弇曰："西安闻吾欲攻之，日夜备守。临淄出其不意，至必掠扰，攻之，则一日可拔。拔临淄，则西安孤。张蓝与步阻绝，必自亡去，所谓击一而得二者也。若攻西安，不卒下，顿兵坚城，死伤必多。纵能拔之，蓝帅兵还奔临淄，并兵合势，观人虚实。吾深入敌地，后无转输，旬日之间，不战而困。诸君之言，未见其宜。"遂攻临淄，半日拔之，入据其城。张蓝闻之，果将兵亡去。

【注释】

〔1〕张步：东汉初更始部将。兵败降汉。

〔2〕蓝：张蓝。更始部将。张步之弟。

〔3〕西安：城名。在今临淄县西三十里。

〔4〕画中：邑名。故城在今临淄附近，有画水，因名。

【译文】

东汉建武五年(29)，大将耿弇同割据青州的张步军队对峙，张步派弟弟张蓝率两万精兵坚守西安，并命令各郡太守拼凑一万多人把守临淄，两城相距四十多里。耿弇把兵力驻扎在两城之中的画中。耿弇观察到西安城小但城壁坚厚，防守严密，相对来说临淄城虽大但很易攻破。于是，耿弇召集将士，声言五天之后兵

东汉·青铜斧车

力会齐攻打西安。张蓝得知情报后，日夜加紧防守。第五天夜里，耿弇命全军起床吃饭，天亮时分兵抵临淄城下。可护军梁荀却提出反对意见，要迅速攻打西安。耿弇说："西安的敌军听说我们要进攻他们，正在加倍防范，而临淄缺乏防备，我们现在去袭击它，守军必定惊慌失措，只需一天便可拿下临淄，这样，西安守敌就成了孤军。张蓝与张步分割两地，孤军无援，必定放弃西安逃走，这就是一箭双雕啊！如果先攻西安，无法攻破，我军已暴露在坚城之下，必定死伤惨重。即使攻下西安，张蓝也会率兵逃到临淄，把兵力合在一起，观察我方虚实。我们已深入敌境，后方缺乏供应，不过十天八天，虽然敌人未作反击，困难更加增多。因此你们所说的未必正确。"于是，耿弇率军不到半天就攻下临淄，迅速占领城池。张蓝听说，果然带兵弃城而逃。

八十二、和　战

【原文】

凡与敌战，必先遣使约和。敌虽许诺，言语不一。因其懈怠，选锐卒以击之，其军可破。法曰：无约而请和者，谋也[1]。

【注释】

〔1〕谋：阴谋。

【译文】

凡是对敌作战，必须首先派遣使者议和。敌人虽然已口头答应，但是语言

矛盾，可以乘他懈怠的时候，选派精锐兵卒攻击，敌军就可被击破。兵法说：不缔约而请求和议的，其中必有阴谋。

【战例】

      秦末天下兵起，沛公西入武关，欲以两万人击峣关。张良[1]曰："秦兵尚强，未可轻视。闻其将多屠贾子，利以动之则易。愿且留壁，使人先行，为五万人具食，使益张旗帜为疑兵，而使郦生、陆贾[2]往说秦将啖以利。"秦将果欲连和。沛公欲听之，良曰："此独其将欲叛，恐士卒不从，当因其懈怠击之。"沛公乃引兵击秦军，大破之。

【注释】

  〔1〕张良：汉初大臣。字子房，城父（今河南郏县东）人。汉朝建立，封留侯。

  〔2〕陆贾：汉初大臣，楚人。能说善辩，曾任太中大夫。撰有《新语》等。

【译文】

张 良

      秦朝末年，各地义兵兴起，沛公刘邦向西进入武关，想以二万军队进攻峣关。张良说："秦军还很强大，不能轻视他们。听说其将领不少是屠夫商人的后代，用利益打动他们是比较容易的。我建议您暂时留下坚守壁垒，可以派人先走，预备五万人的粮食。派人广张旗帜作为疑兵，继而派遣郦生、陆贾做说客，去向秦将领讲说利害。"秦军将领果然想结和。刘邦于是想同意议和，张良说："这只是秦军将领单独反叛求和，士兵恐怕不会听从的。应该乘他懈怠的时候发动攻击。"刘邦即领兵进攻，大败了秦军。

八十三、受　战

【原文】

      凡战，若敌众我寡，暴来围我，须相察众寡虚实之形，不可轻易遁去，恐为尾击。当圆阵外向，受敌之围，虽有缺处，我自塞之，以坚士卒心。四面奋击，必获其利。法曰：敌若众，则相众而受敌[1]。

【注释】

〔1〕相众：正面相对。

【译文】

凡是作战，假若敌众我寡，敌军突然前来围攻我军，首先必须把双方实力大小强弱统一分析，不可轻率撤走，恐怕被敌人尾随追击。应当布成圆阵，向外抗击敌人的围攻。虽然也会有缺口，我方要自行塞补，以坚定我军士卒的战斗决心，向四边奋力搏击，必定获得胜利。兵法说：敌人兵多，就要正面抗击。

【战例】

《北史》：魏普泰元年，高欢讨并州刺史尔朱兆[1]；孝武帝永熙元年春，拔邺[2]。尔朱光[3]自长安，兆自并州[4]，度律[5]自洛阳，仲远[6]自东郡[7]，同会于邺，众二十万，挟洹水[8]而军。欢出顿[9]紫陌，马不满二千，步不满三万，乃于韩陵[10]为圆阵，连牛驴以塞归路。将士皆为死志。选精锐步骑从中出，四面击之，大破兆等。

【注释】

〔1〕尔朱兆：鲜卑族人。尔朱荣的从子。

〔2〕邺：即邺城。在今河南安阳。

〔3〕尔朱光：即尔朱天光，尔朱荣从祖兄之子，在攻邺作战中被高欢所杀。

〔4〕并州：州名。位于今山西太原西南。

〔5〕度律：即尔朱度律，尔朱荣从父之弟。

〔6〕仲远：即尔朱仲远，尔朱荣的从弟。

〔7〕东郡：郡名。在今河南滑县东南。

〔8〕洹水：亦称"安阳河"。源于今河南林县北，东向流经安阳。

〔9〕出顿：进驻。顿，住宿；驻屯。

〔10〕韩陵：即韩陵山。位于今河南安阳东北。

【译文】

南北朝时，北魏普泰元年，高欢征讨并州刺史尔朱兆，孝武帝永熙元年春季，攻下邺城。尔朱光从长安，尔朱兆从并州，尔朱度律从洛阳，尔朱仲远从东郡，四路军马陆续聚集到邺，号称二十万大军，沿洹水两岸扎下大营。高欢也出兵屯扎在紫陌，骑兵不过二千，步兵不满三万，在韩陵山前摆好圆形防御阵地；同时把牛、驴用绳子拴在一起，用来堵塞退路。将士看见这种情况认为非拼死决战不可。高欢又从部队挑选精锐步、骑兵从中央向外突破，四面出击，打垮了尔朱光、尔朱兆等军的包围。

八十四、降 战

凡战，若敌人来降，必要察其真伪。远明斥堠，日夜设备，不可怠忽。严令偏裨[1]，整兵以待之，则胜，不然则败。法曰：受降如受敌[2]。

【注释】

〔1〕偏裨：指偏将、裨将，皆为副将。

〔2〕受敌：面对敌人，指打仗。

【译文】

凡是作战，假如敌军来向我军投降，必须要察明真假，派人监视他们的所作所为，昼夜加强防范，不要松懈大意。而且还要布置好军队，作好一切战斗准备，这样才能万无一失，保证胜利。兵法说：接受敌军投降，要像打仗一样提高警惕，加强防范。

【战例】

后汉建安二年，曹操讨张绣于宛，降之。既而悔恨复叛，袭击曹操军，杀曹操长史及子昂，操中流矢，师还舞阴。绣将骑来，操击破之。绣奔穰，与刘表。操谓诸将曰："吾降绣，失在不便取质[1]，以致于此。诸将观之，自今以后，不复败矣。"

【注释】

〔1〕质：质押，抵押；抵押物。此处指人质。

【译文】

东汉建安二年，曹操领兵进攻驻守宛城的张绣，张绣兵败被迫投降曹操。不久又后悔起来，再次反叛曹军。他突然袭击曹操军队，杀死曹操的长史曹安民和儿子曹昂，曹操也中了暗箭，只好退兵到舞阴。张绣出动骑马迂回包抄，结果曹军奋勇作战，打败了张绣。张绣率残兵败将逃至穰城，投奔了刘表。事后，曹操对部将说："我接受了张绣的投降，因为不便让他交人质抵押，招致了他的暗算，所以才落到这般地步。诸位请看吧，有了这次教训，从今以后再也不会遭受这样的失败了。"

八十五、天 战

【原文】

凡欲兴师动众，伐罪吊民，必任天时。君暗政乱，兵骄民困，放逐贤人，诛杀无辜，旱蝗水雹，敌国有此，举兵攻之，无有不胜。法曰：顺天时而制征讨[1]。

【注释】

〔1〕征讨：征讨叛逆。

【译文】

凡是要出动军队，讨伐有罪的君主，解救受难的百姓，必须顺应天时。敌国君主昏庸，政治混乱；军队骄横，百姓饥困；贤臣遭贬，无辜被杀；干旱蝗灾，冰雹水涝等天灾人祸接连不断。如果敌国有这些情况发生，就要出兵进攻它，就没有不胜利的。兵法说：顺应天时而征讨叛逆。

【战例】

北齐后主纬[1]隆化元年，擢用邪佞陆令萱[2]、和士开[3]、韩长鸾等[4]，宰制天下；陈德信[5]、何洪珍等参预机权[6]；各领亲党，升擢非次。官由财进，狱以略成，乱政害人。遂致旱魃水潦，寇盗并起。又猜嫌诸王，皆无罪受损。丞相斛律光[7]及弟荆山公羡[8]，并无罪受诛。渐见覆溺之萌，俄观土崩之势，周武帝乘此一举而灭之。

【注释】

〔1〕后主纬：北齐国君高纬。

〔2〕陆令萱：北齐女官，利用裙带关系，控制皇后和迫害大臣，最后自杀。

〔3〕和士开：北齐大臣。同陆令萱结党，诬陷大将祖珽，后被琅邪王高俨派人杀死。

〔4〕韩长鸾：北齐大臣。与陆令萱结党，诬陷大将祖珽，并制造冤狱。

〔5〕陈德信：北齐宦官。

〔6〕何洪珍：胡人。

〔7〕斛律光：北齐大臣。字明月，朔州（治今山西朔县）人。

〔8〕荆山公羡：斛律光之弟斛律羡，封荆山公。

【译文】

　　北齐后主高纬隆化元年(576)，提拔重用了一批邪恶奸佞之徒，如陆令萱、和士开、韩长鸾等人，控制朝政，发号施令，让陈德信、何洪珍等人也参掌军国大政。他们拉帮结派各树党羽，提拔官员超越正常程序，官职爵位可用钱财买到，构陷冤狱能用贿赂铸成，紊乱国政随便害人，加上旱涝蝗灾、土匪强盗到处出现；他们还猜忌仇恨各亲王大臣，结果都无罪而遭到迫害。例如贤明有功的丞相斛律光及其弟荆山公斛律羡，都是无罪而同时惨遭杀害的。就在北齐显露垮台的苗头，后来每况愈下，土崩瓦解之势很快便可看到的时候，北周武帝宇文邕乘此有利时机，亲率大军东征，一举灭亡了北齐。

八十六、人　战

【原文】

　　凡战，所谓人者，系人事而破妖祥也。行军之际，或枭集牙旗，或杯酒变血，或麾竿毁折，惟主将决之。若以顺讨逆，以直代曲，以贤击愚，皆无疑也。法曰：禁邪去疑，至死无所之[1]。

【注释】

　　[1] 无所之：无所畏惧。

【译文】

　　凡是作战，所谓人者，惟有人才能破除谣言和迷信。在部队行军过程中，或是遇到恶鸟群集主帅旗竿上，或是出现杯中水酒变红，或是发生旗竿突然折断等怪异现象时，唯有主将及时作出正确决断，才能稳定军心士气。倘若所进行的战争，是以正义攻讨叛逆，以理直征伐邪曲，以贤能进击愚顽，都应坚信必胜无疑。兵法说：要禁绝迷信，消除疑惑，即使战斗到死，战士也无所畏惧。

【战例】

　　唐武德六年，辅公祏[1]反，诏赵郡王李孝恭等讨之[2]。将发，与将士晏集，命取水，水变为血，在座皆失色。孝恭自若，曰："毋疑，此乃公祏授首之征也。"饮而尽之，众心为安。先是贼将拒险邀战，孝恭坚壁不出，以奇兵绝其粮道。贼饥，夜薄李营，孝恭坚卧不动。明日，以赢兵扣贼营挑战，别选骑阵以待。俄而赢却，贼追，遇祖尚薄战，遂败。赵郡王乘胜破其别阵，辅公祏穷走，追骑生擒之。

【注释】

〔1〕辅公祏：唐朝人，曾任淮南道行台仆射，叛唐后战败被杀。

〔2〕李孝恭：唐朝大臣。曾任襄州道行台仆射。

【译文】

唐朝武德六年，辅公祏叛乱。朝廷下诏派赵郡王李孝恭等前去讨伐。出发之前，将士们会餐，派人取水，水突然呈血红颜色，在座的人都大吃一惊。李孝恭仍如平常一样说："毫无疑问，这是公祏要掉脑袋的先兆。"说完就把水一饮而尽，这时大家才放了心。战斗开始，敌方据险顽抗，还不断进行袭击。李孝恭采取坚守营垒不出应战的对策，却暗中派出奇兵截断敌人粮道。敌人饥饿，夜晚偷袭，李孝恭还是安卧不动。第二天，派老弱残兵到敌营挑战，另外挑选出精锐骑兵严阵以待。

李孝恭

不一会儿，弱兵败阵而回，敌人紧追不放，终于和伏兵相遇，祖尚带队奋力进行战斗，敌兵大败。李孝恭乘胜又夺取敌方别的阵地。辅公祏逃跑走投无路，被李孝恭的骑兵活捉了。

八十七、难　战

【原文】

凡为将之道，要在甘苦共众。如遇危险之地，不可舍众而自全，不可临难而苟免，护卫周旋，同其生死。如此，则三军之上岂忘己哉？法曰：见危难，毋忘其众[1]。

【注释】

〔1〕众：众人，此指广大士兵。

【译文】

大凡为将之道，最重要的在于能和部众同甘共苦。假如在战争中处于危险境地，不能丢掉部众而独自逃生，不能临危难而乞求活命；要千方百计掩护士兵，与他们同生共死。如能这样，全军的官兵，又怎会忘记将领呢？兵法说：遇到危难，千万不要忘记广大士兵。

【战例】

魏曹操征孙权还，使张辽、乐进[1]、李典[2]将七千余人屯合肥[3]。操征张鲁，教与护军薛悌书，题其函曰："敌至乃发。"俄而，权帅众围合肥，乃发此教，曰："若孙权至者，张、李将军出战，乐将军守城，护军勿与战。"诸将皆疑。辽曰："公远征在外，及敌至此，破我必矣，是以指教。及其未合，逆击之，折其盛势，以安众心，然后可守也。胜负之机，在此一举，诸君何疑？"李典意与辽同。于是，辽夜募敢从之士，得八百人，椎牛享士[4]，明日大战。平旦[5]，辽披甲出战，先登陷阵，杀数十人，斩二将，大呼自名，冲击突至权麾下。权大惊，众不知所以，走登高冢[6]。权以长戟自守，辽叱权下战，权不敢动，乃聚兵围辽数重，辽左右麾围[7]，直前急击，围解，辽将麾下数十人得出。余众呼号曰："将军岂舍我耶？"辽复还入围，拔出余众，权军无敢当者。自旦至日中，吴人夺气[8]，辽还修守备，众心乃安，诸将悦服。权攻合肥旬日[9]，城不得拔，乃退。辽率诸将追击，几复获权。

【注释】

〔1〕乐进：三国魏卫国（位于今河南清丰南）人，字文谦。有胆略，屡建战功。

〔2〕李典：三国魏山阳巨野（位于今山东巨野东北）人，字曼成。在军中很有威信，官至捕虏将军，封都亭侯。

〔3〕合肥：地名。今安徽合肥西北。

〔4〕享士：以酒食招待士卒。享，通"飨"，谓飨宴。

〔5〕平旦：清晨。

〔6〕高冢：谓高山顶。冢，山顶。

〔7〕麾围：谓指挥部队突围。麾，同"挥"，指挥。

〔8〕夺气：挫伤锐气；丧失士气。

〔9〕旬日：十天。

【译文】

三国时，魏曹操进攻孙权返回时，命张辽、乐进、李典三人带七千多人驻扎合肥。曹操去征讨张鲁，临行交给护军薛悌一封信，封面上题着："敌人来了才可拆开看。"不久，孙权率军包围合肥，张辽等才打开信。只见上面写着："如果孙权来了，张、李将军出战，乐将军守城，护军薛悌不要出战。"诸将都很疑惑。张辽说："曹公在外远征，虑及敌军到这里来会打败我们，所以留下教帖指示我们：在两军没有接触以前，就迎面攻击他，挫折他的锐气，以安定我军心，然后才可以防守。胜负之机，全在此举，各位又有什么可疑惑的呢？"李典意思也和张辽相同。于是，张辽连夜选募敢死之士，共得八百人，杀牛慰劳他们，准备明天大战。第二天早，张辽披甲出战，率先冲入敌阵，杀死敌几十人，斩敌两员大将，大声呼喊着自己的名字在敌阵中横冲直撞，直至孙权的指挥旗下。孙权大惊，将士还来不及应变，就纷纷奔赴一座高岭上。孙权手里拿着长戟自卫。张辽大声呵叱孙权下来应战，权不敢出来。吴军聚兵把张辽包围了几圈。他左冲右突，一直向前猛攻，包围圈终于被冲破，张辽率部下几十人得以冲出。其余部众大声呼喊说："将军要丢掉我们吗？"张辽又杀入重围，救出其余部众，孙权军兵没有人敢阻挡。从早晨直杀到中午，吴军的士气趋向低落。张辽回营以后，修整城池，士兵情绪坚定，将领从内心佩服。孙权攻合肥，十天还没攻下，便撤退。张辽带将追击，又差一点捉住了孙权。

八十八、易　战

【原文】

凡攻战之法，从易者始。敌若屯备数处，必有强弱众寡。我可远其强而攻其弱，避其众而击其寡，则无不胜。法曰：善战者，胜于易胜者也[1]。

【注释】

〔1〕易胜者：容易得胜的地方。

【译文】

凡是进攻作战的法则，先打弱小之敌可以取胜。假若敌兵驻守数处，其中必有强大与弱小、兵多与兵少之别，我军可以避开强大之敌而先消灭弱小敌人，避开众多之敌而先消灭寡少之敌，则没有不打胜仗的。兵法说：善于作战的人是在具备充分把握的条件下才打，取得胜利是从容易得胜的地方着手。

【战例】

《北史》：周武帝伐齐之河阳，宇文弼[1]曰："河阳，要冲，精兵所聚，尽力攻围，恐难得志。彼汾之曲，城小山平，攻之易拔。”武帝不纳，终无成功。

【注释】
〔1〕宇文弼：北周时任内史都上士，隋代周后，官至尚书左丞、礼部尚书等。

【译文】

南北朝时，周武帝进攻齐国河阳。宇文弼说："河阳是齐国的军事要冲，驻扎了很多精锐部队，即便使用大军攻城，恐怕也很难攻破。要是进攻汾曲，那里守城部队很少，山也不高，进攻汾曲容易攻下。"周武帝不同意，此战果然最终是劳而无功。

八十九、饵　战

【原文】

凡战，所谓饵者，非谓兵者置毒于饮食，但以利诱之，皆为饵兵也。如交锋之际，或弃牛马，或遗财物，或舍辎重，皆切不可取，取之必败。法曰：饵兵勿食[1]。

【注释】
〔1〕饵兵勿食：对于敌人的设饵引诱，千万别上当。

【译文】

凡是作战，所谓饵者，不是指对敌兵的饮食进行放毒，而是用小利引他上钩，这都属于饵兵一类。例如，在敌我双方交战中，敌人或者利用牛马相引诱，或者委弃财物相引诱，或者舍置辎重相引诱，切记都不可随意拾取，一旦拾取则必为敌人所乘而导致作战失败。兵法说：对于敌人的设饵引诱，千万别上当。

【战例】

汉献帝建安五年，袁绍遣兵攻白马[1]，操击破之，斩其颜良[2]，遂解白马之围，徙其民而西，绍追之。军至延津南，操驻兵扎营南坡下，令骑解鞍放马。是时，白马辎重就道，诸将以为敌骑多，不如还保营。荀攸曰："此所谓饵兵，如何去之？"绍骑将文丑与刘备将五六千骑前后至[3]。诸将曰："可上马。"操曰："未也。"有顷，骑至稍多，或分趣辎重。操曰："可矣！"乃皆上马纵击，大破之。

【注释】

〔1〕白马：在今河南滑县东二十里。

〔2〕颜良：袁绍部下名将。

〔3〕文丑：袁绍部下名将。

【译文】

东汉献帝建安五年(200)，袁绍派兵进攻白马，曹操率军把他打败，杀死其大将颜良。于是解除了白马之围，然后迁移当地居民沿着黄河而向西转移。袁绍这时亲自率军渡过黄河追击曹操军，一直追到延津之南而扎营。曹操所率部队驻扎在南面的山坡下，他命令所属骑兵都卸下马鞍，放开战马。此时，白马方面的曹军运输车队正行进在路上。曹操的将领们认为敌人的骑兵众多而难以战胜，不如退还保卫部队营地为好。但

刘备

谋士荀攸向大家解释说："这正是我们所以能用饵兵诱敌上钩的好机会，怎么可以撤走部队而失去这一战机呢!"袁绍的骑将文丑与刘备此时率领五六千骑兵前后赶到这里。将领们又说："现在可以上马迎战了。"曹操说："还不可以上马迎战。"过了一会儿，袁绍的骑兵逐渐增多，有的去争抢辎重。曹操这时下达命令说："现在可以上马迎战敌人了。"将领都上马出击，终于打败了敌军。

九十、离 战

【原文】

凡与敌战，可密候邻国君臣交接有隙，乃遣谍者以间之。彼若猜贰，我以精兵乘之，必得所欲。法曰：亲而离之〔1〕。

【注释】

〔1〕亲而离之：对于内部团结的敌人，要设法挑拨离间他们。

【译文】

凡是对敌作战，可乘邻国君臣之间互不信任。如果有隙可乘，就派遣间谍去离间他们，他们如果互相猜疑，就乘机用精锐部队去攻击。这样，一定能够得到我们所想得到的东西。兵法说：对于内部团结的敌人，要设法挑拨离间他们。

战国周赧王三十一年，燕王将乐毅[1]并将秦、魏、韩、赵之师伐齐，破之，湣王[2]出奔于莒。燕军闻齐王在莒，合兵攻之。楚将淖齿[3]欲与燕将分齐地，乃执湣王数其罪而诛之。复坚守莒城、即墨，以拒燕，数月不下。乐毅并围之。即墨大夫战死，城中推田单[4]为将军。顷之，昭王薨，惠王立。初，惠王为太子时，与毅有隙。田单闻之，乃纵反间，曰："乐毅与燕新王有隙，畏诛，欲连兵于齐，齐人未附，故且缓攻即墨，以待其事。齐人惟恐他将来，即墨残矣！"燕王以为然。乃使骑劫[5]代毅，毅遂奔赵。燕将士由是不和。单乃诈以卒为神师而祀之，列火牛阵，大破燕军，复齐七十余城，迎襄王[6]自莒入临淄。

【注释】

〔1〕乐毅：战国时燕将。中山国灵寿（今河北平山东北）人。

〔2〕湣王：即齐湣王田地（一作遂）。曾先后战胜楚、秦、燕三国，称东帝。

〔3〕淖齿：战国时楚人。任齐湣王时国相，后杀湣王。

〔4〕田单：战国时齐将。临淄（今山东淄博东北）人。用火牛阵打败燕军，迎襄王复位，封安平君。

〔5〕骑劫：战国时燕将。燕惠王继位后命骑劫取代乐毅，后被田单打败，阵亡。

乐 毅

〔6〕襄王：齐襄王，名法章，湣王之子。长期流落民间，湣王死后，被立为王。

【译文】

战国时期周赧王三十一年（前284），燕国将领乐毅同时率领燕和秦、魏、韩、赵军队讨伐齐国，大破齐军。齐湣王出逃到莒。燕军听说齐王在莒，又聚兵攻莒。楚国将领淖齿想和燕将共分齐国土地，就捉住湣王历数他的罪行，将他杀了。齐国人坚守莒城和即墨，抵抗燕军。燕军攻打了几个月还没攻下，乐毅便将莒和即墨包围起来。即墨大夫战死后，城中推荐田单做了将军。不久，燕昭王死了，燕惠王即位。当初惠王做太子的时候，与乐毅曾有怨仇。田单听说，便施反间计说："乐毅与燕国新王有怨仇，怕被杀死，想联合齐军，做齐国的国王，齐军还未归附，所以他缓攻即墨，等待齐国人慢慢归附于他。但是齐人只怕派别的将领前来，那样，即墨就完了。"燕惠王信以为真，就派骑劫替代乐毅为将领，乐毅便投奔了赵国。燕国将士因此不和睦了。田单诡诈地让一个卒子装成神师并祭祀他，布置了火牛阵，一举打垮燕军，恢复了齐国城池七十多座，将齐襄王从莒城迎接至临淄。

九十一、疑　战

【原文】

凡与敌对垒，我欲袭敌，须丛聚草木，多张旗帜，以为人屯，使敌备东，而我击其西，则必胜。或我欲退，伪为虚阵，设留而退，敌必不敢追我。法曰：众草多障者，疑也[1]。

【注释】

〔1〕障：障碍。疑：迷惑。

【译文】

凡是同敌军对阵时，我方策划要突袭敌军，就必须选择草丛树林之地，插上许多旗帜，向敌军显示处处都有驻兵，调遣敌军在东边防守，我军就袭击西边，这样就必然得胜。如果我军打算撤兵，就要假设阵营迷惑敌军，我军就可安然撤退，敌军必定不敢追赶我军。兵法说：在草丛中设置许多障碍，是为了迷惑敌军的。

【战例】

《北史》：周武帝东讨，以宇文宪[1]为前锋，守雀鼠谷[2]。时陈王纯[3]屯千里径，大将军永昌公椿[4]屯鸡栖原[5]，大将军宇文盛[6]守汾水关[7]，并受宪节度。密谓椿曰："兵者，诡道。汝今为营，不须张幕，可伐柏为庵，示有处所。兵去之后，贼犹致疑。"时齐主分兵万人向千里径，又遣众出汾水关，自帅大军与椿对。椿告齐兵急，宪自往救之。会椿被敕追还，率兵夜反。齐人果以柏庵为帐幕之备，遂不敢进。翌日始悟。

【注释】

〔1〕宇文宪：宇文泰第五子。因功封齐王，最后自杀。
〔2〕雀鼠谷：山谷名。位于今山西介休西南。
〔3〕陈王纯：即宇文纯，宇文泰第九子。官至上柱国，封陈王。
〔4〕永昌公椿：即宇文椿，宇文泰之侄孙。周武帝时任大将军，封永昌公。
〔5〕鸡栖原：地名。地在今山西霍县东北。

〔6〕宇文盛：宇文泰第十子。周武帝时任大将军，封越国公。

〔7〕汾水关：地名。在今山西灵石西南的汾水东畔。

【译文】

《北史》记载：周武帝亲率大军东征，委任宇文宪为先锋，进驻雀鼠谷。当时，陈王宇文纯率兵驻守千里径，大将军永昌公宇文椿驻扎在鸡栖原，大将军宇文盛守卫汾水关，都受宇文宪的节制调遣。宇文宪秘密对宇文椿说："用兵打仗是个诡诈多变的行动。你现在用帐幕搭营房，可砍些柏树搭棚子，表示有人居住。等我军撤走后，敌军发现这些小屋仍会迷惑不定。"这时，齐王高纬分兵万人向千里径前进，另派一部分兵力进攻汾水关，他亲自率主力部队同在鸡栖原的宇文椿对垒。宇文椿把齐重兵压境的战情急忙报告给宇文宪，宇文宪便亲自率援兵解救宇文椿。恰遇宇文椿奉诏命退兵，率军连夜返回。齐军追兵看到北周军搭设的那些棚子，以为内有伏兵，不敢再向前追赶。到了第二天，才发现上了当。

九十二、穷 战

【原文】

凡战，如我众敌寡，彼必畏我军势，不战而遁，切勿追之，盖物极则反也。宜整兵缓追，则胜。法曰：穷寇勿迫[1]。

【注释】

〔1〕穷寇勿迫：对待垂死之敌，不要穷追猛赶。

【译文】

凡是作战，假若我众敌寡，敌方必然害怕我军声势，不战而逃，千万不可追击，因为事物达到极限会走向反面。应调整部署，徐徐追击，这样就会胜利。兵法说：对待垂死之敌，不要穷追猛赶。

【战例】

汉赵充国讨先零羌，充国兵至，羌虏在所久屯聚，懈弛，望见大军，弃辎重，渡湟水。道隘狭，充国徐行驱之。或曰："逐利行迟。"充国曰："此穷寇不可迫也[1]。缓之则走不顾，急之则还死战。"诸校曰："善。"虏赴水溺死者数百，余皆奔溃。

【注释】

〔1〕穷寇：走投无路的敌人。

【译文】

汉代，赵充国讨伐先零羌，军队到了羌人所驻的地方。羌兵因长期驻扎此地，军队松弛，等到发现汉军到来，便丢弃了辎重，渡过湟水逃跑。山路狭窄险隘，赵充国徐徐向前追赶。有人说："追逐逃敌，越快越好，这样太迟缓了。"充国说："这是穷寇，不能急追。缓一点追击，他们就会奔走逃命，惟恐落后；追急了，反而会促使他们反身与我军拼命死战。"各军校都说："很对。"羌兵在汉军的追击下争抢渡河，被淹死的有几百人，其余的都溃散逃命。

九十三、风 战

【原文】

凡与敌战，若遇风顺，致势而击之；或遇风逆，不意而捣之[1]，则无有不胜。法曰：风顺致势而从之，风逆坚阵以待之。

【注释】

〔1〕捣：突袭。

【译文】

凡是对敌作战，假若遇到顺风，就可顺着风势进攻敌军；如果遇到逆风，也可出其不意去突袭他们，这样就没有不战胜的。兵法上说：如果是顺风，就顺风势进攻敌军；如果是逆风，就坚守阵地以待来犯之敌。

【战例】

《五代史》：晋都排阵招讨使符彦卿等与契丹战于阳城[1]，为敌所围。而军中无水，穿井辄崩。又东北风大起，敌顺风纵火，扬尘以助其势。军士皆愤怒，大呼曰："都招讨何以用兵？令士卒枉死。"诸将请战。杜威曰[2]："候风稍缓，徐观可否？"李守贞曰[3]："彼众我寡，风沙之内，莫测多少，惟力战者胜，此风乃助我也。"呼曰："诸军齐战贼！"符彦卿召诸将问计，或曰："敌得风势，宜待风回。"彦卿亦以为然。右厢副使药元福曰："今军饥渴已甚，若待风回，吾属皆为敌有矣。且敌谓我军不能逆风以战，宜出其不意，急击之，此诡道也。"符彦卿等乃将精骑，奋力击之，逐北二十余里。契丹主奚车走十余里，追兵击之，得一橐驼，乘之遁去。晋军乃定。

【注释】
〔1〕符彦卿：陈州宛丘（今河南淮阳）人。字冠侯，符存审第三子。
〔2〕杜威：五代汉朔州（今朔县西南）人。晋将，积功拜成德军节度使。
〔3〕李守贞：五代汉河阳（今河南孟县西）人。降契丹，为司徒。高祖入京师，拜太保、河中节度使。后因反叛而兵败自杀。

【译文】

　　《五代史》记载：后晋的都排阵招讨使符彦卿等同契丹大战于阳城，被敌军围困。后晋部队缺少饮水，想挖井取水，可一挖就塌。当时又刮起东北风，敌军趁势放火，并且扬起尘沙助长火势。晋军见此情景很愤怒，大声呐喊："都招讨使为什么不下令反击？难道让我们白白流血等死？"各位将士都纷纷请战。都招讨使杜威说："等风势缓和下来时，再观察是否能够出兵。"马步都监李守贞说："敌众我寡。现在风沙弥漫，敌军摸不清我军实力，谁奋力作战谁就胜利。大风恰好帮了我军的忙！"他随即对各位将士大声呼喊："各路将士齐心协力地出击敌人！"符彦卿召集各位将士一起商议作战计划。有人说："敌人风顺，我军应当等待风向变了再战。"符彦卿也认为这样稳妥，但右厢副使药元福反对说："目前我军饥渴难忍，如果等风向改变后，恐怕都已成了战俘了。而且敌军此时认为我们不会逆风袭击，我们就应该乘其不备去袭击它。这就是用兵作战的诡诈之处。"符彦卿听了，率领精锐骑兵奋力反击，把毫无防备的敌军打退二十多里。契丹国王坐着奚车逃了十几里，眼看晋军追兵冲来，慌得找来一匹骆驼逃跑了。后晋将士也停止追赶，撤军回师。

九十四、雪　战

【原文】

　　凡与敌相攻，若雨雪不止，视敌无备，可潜兵击之，其势可破。法曰：攻其所不戒[1]。

【注释】

〔1〕戒：戒备，防备。

【译文】

　　大凡进攻敌人时，假如遇到下雪不止的天气，侦察确悉敌人没有戒备时，那就可以偷偷派兵袭击它。这样，敌人的阵势便可被我军打破。兵法说：进攻敌人要乘其疏于戒备之时。

【战例】

唐遣唐邓节度使李愬[1]讨吴元济[2]。先是，愬遣将二千余骑巡逻，遇贼将丁士良[3]，与战，擒之。士良，元济骁将，尝为东边患，众请剜其心，愬许之。士良无惧色，遂命解其缚。士良请尽死以报其德，愬署为捉生将，士良言于愬曰："吴秀琳据文城栅，为贼左臂，官军不敢近者，有陈光洽[4]为之主谋也。然光洽勇而轻，好自出战，请为擒之，则秀琳自降矣。"铁文及光洽被执，秀琳果降。愬延秀琳问计，答曰："将军必欲破贼，非得李祐不可。"祐，贼健将也，有勇略，守兴桥栅，每战常轻官军。时祐率众割麦于野，愬遣史用诚以壮士三百伏林中，诱而擒之以归。将士争请杀之，愬独待以客礼。时复与语，诸将不悦。愬力不能独完，乃械祐送之京师，先密奏曰："若杀祐，则无成功。"诏以祐还。见祐大喜，署为兵马使，令佩刀出入帐中。始定破蔡之计，令愬以突骑三千为前锋，李忠义[5]副之；愬以监军三千为中军，李进诚以三千殿为后军。令曰："且东行。"六十里，夜至张柴村，尽杀其卒，敕士少休。令士卒食干粮，整羁靮、鞍铠、弓刃。时大雪，旌旆折裂，人马冻死者相望，人人自谓必死。诸校请所之，愬曰："入蔡州，取吴元济。"众皆失色。相泣曰："果落李祐奸计。"然畏愬莫敢违。夜半，雪愈盛，分轻兵断贼朗山之援，又断洄曲及诸道桥梁，行七十里至悬瓠城。城傍皆鹅鹜池，愬击之以乱声。初，蔡人拒命，官军三十年不能至其城下，故蔡人皆不为备。祐等攀城先登，众从之。杀守门者，而留击柝者，纳其众城中。鸡鸣雪止，遂执元济，监送京师，而淮西悉平矣。

【注释】

〔1〕李愬：唐朝名将。字元直，洮州临潭（今属甘肃）人。

〔2〕吴元济：淮西节度使吴少阳之子。因袭位不遂，举兵反叛。后兵败被杀。

〔3〕丁士良：吴元济部将，曾屡次击败唐军。

〔4〕陈光洽：吴秀琳之谋士，多谋善断。后被唐军擒获，迫使吴秀琳投降。

〔5〕李忠义：原名李宪，吴元济的部将，后为李愬所俘。

【译文】

　　唐宪宗元和十二年（817）十月，朝廷派遣唐邓节度使李愬率军讨伐割据淮西镇而与朝廷对抗的吴元济。开始，李愬派部将马少良率二千余骑兵巡逻，路遇敌将丁士良所部，双方交战，活捉了丁士良。丁士良是吴元济的一员猛将，经常率兵在东部边沿骚扰，众将恨他而请求挖他的心，李愬同意了。但丁士良面对死亡却毫无惧色，李愬看到后立刻给他解开绳索。丁士良因此而表示愿拼死效力来报答李愬的知遇之恩。李愬则任命他为捉生将。丁士良向李愬建议说："吴秀琳现在据守文城栅，他所处的地位如同吴元济的一只左臂；朝廷军队之所以不敢靠近他那里，是因为有陈光洽为他出谋划策。然而，陈光洽却是个勇敢但很轻率，喜欢亲自出战。请允许我前去把他抓来，这样，吴秀琳将会不战而自动投降了。"等到铁文和陈光洽被丁士良活捉过来以后，吴秀琳果然不战而投降了唐军。李愬请来吴秀琳问以征服吴元济的计策，秀琳回答说："将军如果一定要去破吴元济的话，没有李祐不可。"李祐，是吴元济的一员健将，既勇敢又有谋略，他长期守卫在兴桥栅，每次作战总是轻视官军。此时李祐正率兵于田野里收割小麦，李愬于是派遣部将史用诚带领三百名壮士埋伏于附近树林中，把李祐活捉而带回军营。唐军将士都争着请求把李祐杀掉，但惟有李愬以待客之礼款待他，并经常与他交谈，其他将领对此都很不高兴。李愬考虑到单凭他个人力量无法保全李祐，于是便给李祐戴上刑具，派人押送京师长安，此前先秘密写好奏表呈送唐宪宗说："如果杀了李祐，平定淮西就会前功尽弃。"宪宗阅表后，立即下令将李祐送还李愬。李愬见李祐已经安全回来非常高兴，立即任命他为兵马使，并且准令他可以佩戴腰刀进出自己军帐。而后才正式制定了奇袭蔡州的战略计划。于是，李愬命令李祐率领担任冲锋陷阵的敢死队三千骑兵为前锋，李忠义为副将；李愬与监军率领三千人为中军主力；李进诚率领三千人为后军担任后卫。部署停当以后，李愬下达命令说："只管向东前进！"

　　唐军东行六十里后天已黑了，进至张柴村，将该地守军全部杀死，然后命令部队就地稍事休息。传令士卒吃些干粮，整理好马笼头、马缰绳、马鞍子以及铠甲、弓箭、兵刃等武器装备。当时，天正下着大雪，凛冽刺骨的寒风刮得军旗破碎，冻死的人马随处可见，唐军人人都认为此番必死无疑。这时，众将校请示下一步行军方向，李愬明确而坚定地说："到蔡州去取吴元济的首级！"众人听后大惊失色，相对哭泣说："咱们果然中了李祐的奸

唐宪宗

计了。"可是，然而大家害怕李愬，所以没有敢于违抗命令的。到了半夜时候，雪下得更大。李愬这时一面派遣一支轻装部队南下切断朗山敌人增援蔡州的道路，一面出动部分兵力北上卡住洄曲和其他通往蔡州的道路上的桥梁。又走了七十里，进至蔡州城下。该城旁边都是饲养鹅鸭的池塘，李愬叫士兵击打池中的鹅鸭，让它们发出叫声以掩盖唐军行进声响。最初，从吴少阳占据蔡州对抗朝廷命令以来，唐军已有三十多年不能进至蔡州城下，所以蔡州人毫无戒备。李祐等率军首先登上城墙，部队紧随其后，杀死了守卫城门的敌兵，只留下打更人继续敲梆报更，然后打开城门，唐军全部进入城中。到鸡鸣天亮之时，雪已不下了，终于活捉了吴元济，并用囚车押往京师长安，淮西地区完全平定。

李 愬

九十五、养　战

百战奇略

【原文】

凡与敌战，若我军曾经挫衄[1]，须审察士卒之气，气盛则激励再战，气衰则且养锐，待其可用而使之。法曰：谨养勿劳，并气积力[2]。

【注释】

〔1〕挫衄：损伤，挫败。
〔2〕谨养勿劳，并气积力：慎重保养，不使过于疲劳，提高士气并积蓄力量。

【译文】

凡是对敌作战，假如我军曾经遭到挫败，那就必须细心观察部队士气状况。士气旺盛就激励他们与敌人再战，士气衰落应暂且休整，等到士气旺盛可用时再使他们对敌作战。兵法说：慎重保养，不使过于疲劳，提高士气并积蓄力量。

【战例】

秦始皇[1]问李信曰："吾欲取荆，度用几何人？"对曰："不过二十万人。"及问王翦，曰："非六十万人不可。"王曰："将军老矣，何怯也！"乃命信及蒙恬[2]将二十万人伐荆。翦因不用，遂谢病[3]归频阳[4]。信与蒙恬攻楚，大破之。乃引

一二九

兵西，与蒙恬会城父[5]。荆人因随之，三日不顿舍，大败信军，入两壁，杀七都尉，信奔还。王怒，自至频阳见王翦，强起之。对曰："老臣悖乱[6]，大王必不得已用臣，非六十万人不可。"王从之。翦遂将兵，王送至灞上[7]。荆人闻之，悉兵以御翦。翦坚壁不战，日休士卒洗沐，而善饮食抚循之，与士卒同甘苦。久之，问："军中戏乎？"对曰："方投石超距。"翦曰："可用矣。"荆人既不得战，乃引而东。翦追击大破之。至蕲[8]南，杀其将军项燕[9]，荆兵遂败走，翦乘胜略定城邑。

【注释】

〔1〕秦始皇：名嬴政，即秦王位后先后兼并韩、赵、燕、魏、楚、齐六国，于公元前221年称皇帝。

〔2〕蒙恬：秦国名将。

〔3〕谢病：托病引退。

〔4〕频阳：县名。在今陕西富平东北。

〔5〕城父：邑名。在今河南宝丰东。

〔6〕悖乱：不清醒。

〔7〕灞上：地名。一作"霸上"。在今陕西西安东。

〔8〕蕲：地名。故址在今安徽宿县南。

〔9〕项燕：战国时期楚国将领。为秦将王翦所围而自杀。

【译文】

秦始皇问李信说："我要取得楚国，估计要用多少兵力？"李信回答说："不过二十万兵力。"又问王翦，王翦回答说："非六十万兵力不可。"秦始皇听了说："将军您老了，为什么那样胆小？"于是派李信和蒙恬率二十万兵力进攻楚国。王翦不被重用，就告病假回到频阳。李信和蒙恬进攻楚地，李信打败楚军取得了很大胜利。又带兵向西同蒙恬会师于城父。但是楚军尾随秦军，伺机进攻，三昼夜没让他休息，把李信的军队击败，进入了两个兵营，杀死了七个都尉，李信大败而回。秦始皇很生气，立刻亲自到频阳看望王翦，强令他带兵出战。王翦回答说："臣年老又固执又糊涂，大王要是一定起用我，那还是非六十万兵力不可。"秦始皇答应了。王翦又重新带兵出征，秦始皇亲到灞上设宴送行。楚国人听说王翦带兵前来，就把全部兵力调来抵御王翦。王翦坚守营垒，并不出战，每天休整练兵，让士兵洗澡，并给士兵改善伙食，亲自与士兵接触，和士兵同甘共苦。时间长了，王翦问旁边人说："现在士兵们在营里作什么游戏呢？"旁边人回答："他们正在练投掷石块和跳远哩！"王翦说："很好，这样的士兵可以用来打仗了。"楚军寻求作战而找不到机会，就调兵向东撤退。王翦趁机带兵从后追击，打败了楚军。大军到达蕲南，在战斗中斩杀了楚军将领项燕，楚兵大败而逃。王翦乘胜前进，占领了不少城邑。

九十六、书　战

【原文】

凡与敌对垒，不可令军士通家书、亲戚往来，恐言语不一，众心疑惑。法曰：信通问，则心有所恐；亲戚往来，则心有所恋[1]。

【注释】

〔1〕恋：牵挂。

【译文】

凡是与敌军作战对阵时，不可让官兵通家信，也不能让他们和亲戚往来，这是怕家人和亲戚说法不一，引起军心猜疑。兵法说：写信问事，心里就往往有所担心；和亲戚朋友往来，心里就会有所牵挂。

【战例】

蜀将关羽屯江陵，吴以吕蒙代鲁肃屯陆口。蒙初至，外倍修恩德，与羽厚结好。后蒙袭收公安、南郡，而蜀将皆降于蒙。蒙入据城，得羽及将士家属，皆抚慰，令军卒不得干历[1]人家，有所取求。蒙麾下士，与蒙同汝南人，取民一笠[2]，以覆官铠，虽公，蒙犹以为犯军令，不可以乡里故废法，乃泣而斩之。于是，军中震栗，道不拾遗。蒙旦暮使亲近存恤耆老[3]，问所不足，疾病者给医药，饥寒者与衣粮。羽还，在道路，每使人相问，蒙辄厚遇之，周游城中，家家致问。羽人还，私相参问，咸贺家门无恙，相待过于平时，故羽士卒无斗志。会权又至，羽西走漳乡，众皆降。

【注释】

〔1〕干历：侵犯，扰乱。

〔2〕笠：即笠盖，用竹篾编成，用来遮雨。

〔3〕存恤耆老：救济老人。

　　蜀汉将领关羽驻扎在江陵，吴国用吕蒙代替鲁肃为将，驻扎在陆口。吕蒙刚到，对外加倍布施恩德，与关羽表示友好；暗地却偷偷地袭取了公安、南郡等地，蜀将都投降了吕蒙。吕蒙进入城池，俘获关羽部将家属，都进行抚慰，命令官兵不得干扰人家和勒索东西。吕蒙帐下有一同乡军官，在老百姓家里拿了一个帽笠，用来修复公家的铠甲。这虽是公事，吕蒙还是认为违犯了军令，不能因为是同乡就废除法律，便含泪将他斩首。于是军队内部都很震动，路上谁丢了东西，也无人敢捡了。吕蒙早晚还派亲近的人抚恤老人，问寒问暖，对有疾病的送医送药，对饥寒的送衣送粮。关羽还在途中时，曾派人前去探听消息，吕蒙都用厚礼对待，让他们在城内周游，到家家户户去问候。派来的人回去以后，士兵都偷来问讯，互相传递消息，都道贺家中安然无恙，吕蒙待他们比往时更好，因此关羽的官兵都没有了斗志。恰逢孙权又来夹攻，关羽终于向西败走，部众都投降了吴军。

鲁　肃

九十七、变　战

　　凡兵家之法，要在应变[1]，好在知兵。举动必先料敌，敌无变动，则待之；乘其有变，随而应之，乃利。法曰：能因敌变化而取胜者，谓之神[2]。

　　〔1〕应变：适应形势而变化。《荀子·王制》："举措应变而不穷。"《新唐书·李勣传》："其用兵多筹算，料敌应变，皆契事机。"
　　〔2〕神：指用兵如神。

　　大凡兵家的法则，最重要的是根据形势的变化而采用不同的战术，最可贵的是能够准确掌握部队将士的情况。采取行动前，必须事先探明敌情，如果敌情没有变化，就要善于等待；如果有所变化，就要随其变动而有所反应，这样才能占有有利形势。兵法说：能够根据敌情变化采取相应的策略而战胜敌军，就称得上是用兵如神。

【战例】

　　五代梁末，魏博兵乱[1]，贺德伦降晋，庄宗入魏。梁将刘郡乃军于莘县，增垒浚池，自莘及河筑甬道输饷。梁帝诏郡出战[2]，曰："晋将未易击，候进取，苟得机便，岂敢坐滋患害。"帝又遣使问决胜之策。对曰："臣无奇谋，但人给十斛粮，尽皆破敌。"帝怒曰："将军留米将疗饥耶？"又遣使督战。郡谓诸校曰："大将专征，君命有所不受。临敌制变，安可预谋？今揣彼自气盛，难可轻克，诸将以为如何？"众皆欲战，郡默然。乃复召诸将列军门，人给河水一杯，因命饮之。众未测其意，或饮或辞。郡曰："一杯之难若是，滔滔河流可尽乎？"众皆失色。时庄宗兵压郡营，亦不出。帝又数遣人促之，郡以万人薄其营，俘获甚众。少顷，晋兵既至，郡退复战于故元城[3]，庄宗与李存审夹击，梁兵大败。

【注释】

〔1〕魏博：唐时方镇之一，治所在魏州（今河北大名东北）。
〔2〕梁帝：后梁末帝朱友贞，改名瑱。
〔3〕故元城：旧县名。汉置，因战国时为魏公子元食邑得名。

【译文】

　　五代时期的后梁末年，魏博地区驻军叛乱，胁迫节度使贺德伦投降了后晋，后唐庄宗李存勖进驻魏州城。后梁大将刘郡率兵在莘县布下防线，增修营垒，加固城防，并且疏浚河池，在从莘县到黄河边修筑了一条通道，专门输送粮饷。梁末帝催促刘郡进攻李存勖。刘郡说："晋军并不容易攻打，我正在观察敌情，一旦有了机会再迅速出击，我哪里敢拖延时间偷安而导致内部产生危机？"梁末帝于是又派人视察，并询问刘郡作战方针，刘郡回答说："我也并没有什么奇特策略，只要能给我的部下每人十斛粮食，就可以打败敌人。"末帝闻知大怒，说："刘郡是用粮食来治疗饥饿病的吧。"又派特使来监督作战。刘郡对部下说："大将远征在外领兵作战，即使是皇上的旨意有时也可不接受。同敌军交战中，要随机应变，哪能事先决定作战的方法呢？从目前情况看，敌方已经作了充分准备，不是轻易可以击败的，诸位将军以为如何？"各位将领要求出战，刘郡默默不答。有一次，刘郡把各位将领召集到帐前，每人发给一碗水，让他们喝下。大家迷惑不解，有的喝了，有的借故没有喝。刘郡说："喝一碗水都这样困难，那滔滔不尽的河水又怎能一下喝完呢？"各位将领听了，大惊失色。当时正碰上李存勖率兵进逼刘郭的营地，刘郭仍按兵不动。末帝又屡次派人责成刘郭作战，他这才亲率万余名将士突然袭击魏州，抓的俘虏和缴获的物品实在不少。等了一会儿，李存勖的援兵赶到，刘郭退兵，又在故元城交战，刘郭因被李存勖和李存审前后夹击，梁军大败。

九十八、畏　战

【原文】

凡与敌战，军中有畏怯者，鼓之不进，未闻金先退，须择而杀之，以戒其众。若军中之士，人人皆惧，不可加诛戮；须假之以颜色，说之以利害，示以不畏，喻以不死，则众心自安。法曰：执戮禁畏[1]，太畏则勿杀戮；示之以颜色，告之以所生。

【注释】

〔1〕执戮：用杀戮的方法。

【译文】

凡是对敌作战，假如军中有畏敌怯战的人，听到击鼓进军的号令不前进，没有听到鸣金收兵的号令他先撤退，必须选择情节严重的处死以执行军法，以此警戒其余的人。假如全军人人都惧怕敌人时，就不可以单纯采取杀戮的办法了，必须以勇武必胜的神色，向士卒表明敌人并不可怕，讲清勇与怯在对敌作战中的利害关系，晓谕他们以敢于战斗才能避免死亡的方策。这样，士兵情绪自然会安定下来。兵法说：在对敌作战中要用杀戮的办法来制止畏敌怯战的问题发生，假若人人惧怕就不能诛杀；将帅应向部队展现自己英勇无畏的精神面貌，告诉他们以敢战而求得生存之策。

【战例】

《南史》：陈武帝讨王僧辩，先召文育与谋。时僧辩婿杜龛[1]据吴兴，兵甚众。武帝密令陈蒨速还长城，立栅备之。龛遣将杜泰乘虚掩至[2]。将士相视失色，帝言笑自若，部分益明，于是众心乃定。

【注释】

〔1〕杜龛：梁将王僧辩的女婿，任震州刺史。
〔2〕乘虚掩至：乘敌人没有调集兵力严密布设，发动突然袭击。

【译文】

　　《南史》记载：南朝梁敬帝时期，陈霸先率兵进攻王僧辩，事先召集他的侄子文育商定作战计划。当时，王僧辩的女婿杜龛率兵拒守吴兴，其部队人数很多，陈霸先密令侄子陈蒨回到长城，构筑营栅工事以防备杜龛来攻。杜龛派遣部将杜泰率兵乘虚前来袭击长城，陈蒨部队将士对敌人的突然到来大惊失色。但陈蒨却异常镇静，谈笑自若，对兵力的部署安排更加周密明确，因此部队情绪迅速安定下来。

九十九、好　战

【原文】

　　夫兵者，凶器也；战者，逆德也，实不获已而用之。不可以国之大，民之众，尽锐征伐，争战不止，终致败亡，悔无所追。然兵犹火也，弗戢，将有自焚之患；黩武穷兵，祸不旋踵[1]。法曰：国虽大，好战必亡[2]。

【注释】

　　[1] 祸不旋踵：句意为，祸患产生于来不及转身的瞬间。
　　[2] 好战：指连年争战。

【译文】

　　兵器，是杀人致死的凶险器具；战争，是违背道德的野蛮活动，只有在迫不得已的时候才使用它。因此，不能以国家大、人口多，就倾尽全力进行征讨，使战争无休无止，终有一天非失败灭亡不可，那时后悔也来不及了。发动战争如同玩火一样，如果不加收敛将有自焚的危险。所以，恃强好战，用兵不止，祸患到来之速将在来不及转身的瞬间。兵法说：国家虽然强大，连年战争不停，就非灭亡不可。

【战例】

　　隋之炀帝[1]，国非不大，民非不众，嗜武好战，日寻干戈[2]，征伐不休，及事变兵败辽城[3]，祸起萧墙，岂不为后世笑乎？吁，为人君者，可不慎哉？

【注释】

　　[1] 炀帝：即隋炀帝杨广。隋文帝杨坚第二子。
　　[2] 干戈：干和戈，借指战争。

隋炀帝杨广

〔3〕兵败辽城：隋炀帝杨广连续三次大规模进攻高丽，皆大败而归。因高丽地处辽东方向，故称"兵败辽城"。

【译文】

　　隋炀帝当时所控制的国土并非不辽阔，他所统治的人民也并非不众多，只因他穷兵黩武，嗜好战争，连年用兵，征战不停，一旦发生突然事变，在辽城军事失利，然后引起朝廷内部分崩离析，这样的悲惨结局岂不为后代人们所耻笑吗？啊！身为国君的人，能够不慎重对待吗？

一百、忘 战

【原文】

　　凡安不忘危，治不忘乱，圣人之深戒也。天下无事，不可废武，虑有弗庭[1]，无以捍御[2]。必须内修文德，外严武备，怀柔远人，戒不虞也。四时讲武之礼，所以示国不忘战。不忘战者，教民不离乎习兵也。法曰：天下虽平，忘战必倾[3]。

【注释】

　　〔1〕弗庭：不归顺朝廷。这里指与我不友好、处于敌对状态的邻国。
　　〔2〕捍御：保卫国家，抗击敌人。
　　〔3〕倾：倾覆，危险。

【译文】

　　凡是太平而不忘记危难，治世不可忘记战乱，这是明智的人所深以为戒的。天下安定的时候，不能废弃武备，如果考虑不周全，有事时就没有防御能力。所以，对内必须修明政治，对外必须严整武备。用笼络手段使远方的人来朝，武备也不能不考虑。一年四季讲习武备的礼节，是为了表示国家没有忘记战争；不忘记战争，还要表现在教导百姓不停止军事训练上。兵法说：天下虽然安定，忘记战争就必定遭受危险。

【战例】

　　唐玄宗时，承平日久，毁戈牧马，罢将休兵，国不知备，民不知战。及安史之乱[1]，仓卒变生于不图[2]，文士不足以为将，市人不足以为战，而神器[3]几危，旧物[4]几失。吁，战岂可忘乎哉！

百战奇略

【注释】

〔1〕安史之乱：即唐朝时历时七年的由安禄山、史思明所发动的叛乱。

〔2〕不图：一点准备没有。

〔3〕神器：古代指帝位、政权。

〔4〕旧物：指先代遗物，这里代指江山、国家。

【译文】

唐玄宗时，天下安定时间很久了。刀枪毁坏，马放南山；罢免武将，不用军队；国家不懂武备，百姓不懂战争。等到安史之乱，事变突起，读书人不会为将带兵，百姓不会临阵作战，以致社稷几乎危亡，先代的遗物完全失守。啊！军事作战，这样重大的问题，怎么可以随意忘掉呢？